Johann Friedrich Jünger

Komisches Theater

Johann Friedrich Jünger

Komisches Theater

ISBN/EAN: 9783743328044

Hergestellt in Europa, USA, Kanada, Australien, Japan

Cover: Foto ©ninafisch / pixelio.de

Manufactured and distributed by brebook publishing software
(www.brebook.com)

Johann Friedrich Jünger

Komisches Theater

Comisches Theater.

Von

J. F. Jünger,

K. K. Hoftheaterdichter.

Zweyter Band.

Leipzig,

bey Georg Joachim Göschen,

1 7 9 5.

Er mengt sich in Alles.

Ein Lustspiel

in fünf Aufzügen.

Frey nach Mistreß Centlive.

Von

J. F. Jünger.

Leipzig,

bey Georg Joachim Göschen,

1793.

Er mengt sich in Alles.

Ein Lustspiel in fünf Aufzügen.

Frey nach Mistreß Centlive.

Perſonen.

Der alte Herrmann.

Karl Herrmann, ſein Sohn.

Eveline, ſeine Mündel.

Plumper, unter des alten Herrmanns Vormundſchaft.

Baron Willburg, Evelinens Liebhaber.

Milleck.

Charlotte, ſeine Tochter.

Lieschen, Evelinens Mädchen.

Hannchen, Charlottens Mädchen.

Johann, Karls Bedienter.

Ein Kellner.

Ein Bedienter des alten Herrmanns.

———————

Die Handlung beginnt früh, und endiget Abends.

Erster Aufzug.

Erster Auftritt.

Im Augarten.

Karl Herrmann und Baron Willburg
begegnen sich.

Karl Herrmann.

Ih! — guten Morgen, Brüderchen! — Was Henker! — Du so früh auf? — Das geht nicht mit rechten Dingen zu, denn ihr Leute nach der Mode verlaßt das Bett nicht so zeitig. Und du siehst wahrhaftig so nachdenkend, so tiefsinnig aus, als ob dir im Ernst etwas fehlte?

Willburg. Als ob mir im Ernst etwas fehlte! — Und das sagst du in einem Töne, als wenn du's gar nicht für möglich hielteft, daß mir je etwas fehlen könnte. —

A 2

Karl Herrmann. Das thu' ich auch. Geh doch! Wenn man achtzehntausend Gulden jährlich hat, so möcht' ich wohl wissen, was einem da fehlen könnte!

Willburg. Das gewöhnliche Vorurtheil von euch Leuten, die ihr mit euern Finanzen brouillirt seyd, daß ihr glaubt, so bald man Geld hat, hat man alles.

Karl H. Und ist's denn etwa nicht wahr? — Geld ist der Hauptschlüssel zu allen Thüren in der Welt. Er schließt die Kabinetter der Großen, wie die Herzen der Mädchen auf. Er setzt Armeen in Bewegung, und macht alte Jungfern verschwiegen. In der That dein Uebel müßte ein verzweifeltes Uebel seyn, wenn dir kein Geld als ein Specifikum dagegen dienen könnte.

Willburg. Weißt du das Sprichwort nicht: wenn wir keine Noth haben, so machen wir uns welche? Meine Krankheit ist durch kein

Geld zu heben, und wenn ich noch einmahl so reich
wäre. Ich — bin verliebt.

Karl H. Verliebt? — Und ist die Schöne
ein Cherub? oder ein Seraph?

Willburg. Keins von beyden. Ein
menschliches, sterbliches Wesen.

Karl H. Und da könnte dir kein Geld
helfen? — Das mach' einem andern weiß!

Willburg. Wenn ich dir sie nenne, so
sprichst du gewiß anders.

Karl H. Ach, itzt besinne ich mich. Vielleicht die schöne, unbekannte Maske vom Fa-
sching-Dienstag, in deren Witz und Verstand
du dich verliebtest? — Bist du ihr vielleicht
auf die Spur gekommen?

Willburg. Noch nicht. Auch habe ich
alle Hoffnung dazu aufgegeben. Am Ende ist
sie vielleicht auch nicht einmahl der Mühe werth,
die ich mir um sie gegeben habe; denn die Hart-
näckigkeit, mit der sie sich weigerte, die Larve ab-

zunehmen, machte mir schon damahls ihr Gesicht
verdächtig.

Karl H.   Wohl wahr! — Die hübschen
Weiber lassen sich in der Regel selten so lange
zum Demaskiren nöthigen. — Also — deine
neue Inklinazion?

Willburg.   Ist Eveline.

Karl H.   Wie? Eveline? — die bey meinem Vater im Hause ist?

Willburg.   Eben die.   Was sagst du
nun?

Karl H.   Freund! ich bedaure dich.

Willburg.   Sage mir, was ist an dem
Mädchen? Du mußt wissen, ich kenne sie bloß
vom Sehen.

Karl H.   Sie ist ein gescheutes Mädchen,
voll Witz und Verstand.   Ob sie aber so gut ist,
als klug? —

Willburg. Und was denkt dein Vater mit ihr zu machen?

Karl H. Nichts mehr, und nichts weniger, als sie zu heirathen.

Willburg. Sie zu heirathen?

Karl H. Nun ja. Ob er eigentlich das Mädchen heirathen will, oder ihre vierzigtausend Gulden? das weiß ich nicht. Das letzte ist mir aber das wahrscheinlichste. Genug, er ist, wie du weißt, ihr Vormund. Sie darf ohne seine Einwilligung ihre Hand vor dem fünfundzwanzigsten Jahre nicht vergeben. Itzt ist sie erst zwanzig.

Willburg. Und sie wird doch nicht toll seyn, und den alten dreyundsechzigjährigen Juden —

Karl H. Mit mehr Respekt von meinem Vater gesprochen, wenn ich bitten darf! —

Willburg spöttisch. Ey! — es ist auch wahr! Die schöne Art, wie er dich, seinen einzigen leiblichen Sohn, behandelt, macht

ihn sehr achtungswürdig. — Aber sage mir im
Ernst: — Sollte sie ihn wirklich heirathen
wollen?

Karl H. Ja dieß ist eben der Punkt, über
den ich nicht klug aus ihr werden kann. Mein
Vater hat über ihr seine Dreyundsechzig ganz
und gar vergessen, spielt den Gecken um sie herum,
und sie — läßt sich seine Schmeicheleyen und
Liebkosungen gefallen; erwiedert sie auch wohl.
Ob es ihr Ernst ist, oder ob sie ihn foppt, weiß
ich wahrhaftig nicht.

Willburg. Höre, Freund, könntest Du
dich nicht in's Mittel schlagen, und meinetwegen mit ihr sprechen? — oder doch veranstalten,
daß ich sie zu sprechen bekäme?

Karl H. Brüderchen! du addressirst dich
an den Unrechten. Ich und sie sind nicht die
besten Freunde. Sie spielt dann und wann die
Stiefmutter gegen mich; und das kann ich nicht
recht verdauen. Neben dem weißt du wohl,
daß ich in meines Vaters Hause, sogut als fremd

bin. Wenn ich ihm will einen ſchlimmen Tag
machen, ſo darf ich mich nur bey ihm ſehen laſſen; denn er hat mich von Jugend auf nicht leiden können, ſo wie er überhaupt niemand leiden
kann, der mit ſeiner Geldbörſe auf irgend eine
Art in Kolliſion kömmt.

Willburg. Alſo er giebt dir gar nichts?

Karl H. Nicht einen Heller.

Willburg. Aber von den vierhundert
Gulden, die dir deine Stelle einträgt, kannſt
du doch unmöglich ſo leben, wie du lebſt? Wie
fängſt du denn das an?

Karl H. Ich mache Schulden, Brüderchen! Die Leute wiſſen, daß mein Vater ein
ungeheures Vermögen beſitzt, und daß ich ſein
einziger Sohn bin. Ich finde alſo überall wohl-
thätige Menſchenfreunde, die mir zu dreyßig und
vierzig Prozent ſo viel geben, als ich brauche.

Willburg. Und wie geht's mit deiner
Liebe?

Karl H. Mit Charlotten Mileck, meinst du? — Excellent! — Ihr Vater hat mir gestern in aller Güte sein Haus verboten.

Willburg. Das ist eben nicht artig von dem alten Herrn. —

Karl H. Aber auch nicht unvernünftig. Ich — kann's ihm wenigstens nicht verdenken. Sieh! — Der alte Mileck kann seiner Tochter wenig oder nichts mitgeben. Mein Vater hat nicht Lust zu sterben, und bey Lebzeiten wird nicht viel passiren. Mit vierhundert Gulden jährlich läßt sich keine Frau ernähren. Das hat er mir alles ganz trocken gesagt, und mir seine Thür gewiesen. Indessen ich lasse das Mädchen nicht, es mag gehen wie es will. Wir setzen unsre Intrigue insgeheim fort.

Karl H. Aber es gäb' doch Mittel, deinen Vater zu zwingen, daß er dir ein anständiges Auskommen verschaffte. Daß er es thun kann, das weiß die ganze Welt, und ich sehe

nicht ein, was er für hinlängliche Urſachen an-
führen könnte, dir ſeine Hülfe zu verſagen.

Karl H. Die hat er auch nicht.

Willburg. Ich an deiner Stelle nähm
meine Zuflucht zu den Geſetzen.

Karl H. Denſelben Rath haben mir ſchon
mehrere gegeben; aber ich mag nicht. Es macht
kein gutes Blut, wenn ein Sohn ſeinen Vater
verklagt. Er bleibt doch immer mein Vater,
wenn er mich auch nicht gar zu väterlich behandelt. Indeſſen das Mädchen laſſe ich nicht,
es mag gehen wie es will; kömmt Zeit, kömmt
Rath. Unſere Intrigue wird itzt heimlich fort-
geſetzt. Ich habe eben meinen Bedienten hin-
geſchickt, um zu hören, ob es etwa heute nicht
ein kleines Rendesvous giebt.

Willburg. Dort kömmt der Eſel her,
der Herr von Plumper. Laß uns gehen, denn
ich bin eben nicht begierig, ſeine Bekanntſchaft
zu machen.

Karl H. Höre Brüderchen! In deinen
itzigen Umständen könnte dir doch seine Bekanntschaft nicht schaden. Er steht auch unter der
Vormundschaft meines Vaters, so gut wie Eveline; und man kann nicht wissen, zu was er
allenfalls zu brauchen wäre? Uebrigens ist er
eine gute ehrliche Haut, gutherzig, neugierig,
aber auch eben so dienstfertig. Er lief einem
durch's Feuer. Er hat gerne seine Hand überall
im Spiel; aber er ist nur so unglücklich, daß er
meist durch einen dummen Streich alles ver-
dirbt, indem er den besten Willen von der Welt
hat, es recht gut zu machen. Ich werde dir
ihn vorstellen.

Zweyter Auftritt.

Die Vorigen. Plumper, nachläßig, aber nicht ärmlich gekleidet. Man muß überhaupt sehen, daß er in der Erziehung so vernachläßigt wurde, als er sich selbst und seinen Körper vernachläßiget. Er hat ein Pflaster auf der Nase.

Plumper für sich. Ach, Sackerlot! Da ist der Baron Willburg. Den habe ich lange wollen kennen lernen. Laut zu Herrmann. Guten Tag Karl! — Gieb mir deine Hand, Herzensjunge!

Karl H. Guten Tag, Plumper! — Aber was Henker! hat denn dein Frontispiz so entstellt? Hast du eine Ehrensache gehabt?

Plumper. Hahaha! ich eine Ehrensache! — Ja, mit einem Fensterladen. Gestern Abend schlenderte ich so in den Vorstädten herum; und du mußt wissen, wenn ich nichts besseres zu thun weiß, so gucke ich so den Leuten in die Unterzimmer hinein, um zu sehen, was etwa darin passirt. — Da kam ich denn auch an ein Fenster, wo der Laden nur ange= lehnt war. Es war Licht im Zimmer, und da sah ich ein wunderschönes Mädchen sitzen, und einen ältlichen Mann neben ihr, die sich viel Schönes zu erzählen hatten. Ich trat recht nahe hin, um zu sehen, ob ich etwa eins davon kennte, und pauz! stieß ein altes Weib, die mich etwa belauert haben mochte, den Laden auf, und mir gerade vor die Nase.

Willburg. Ha ha ha! — Wer Ihnen das glaubte! Sie wollen nur nicht mit Ihren Heldenthaten prahlen. Ich wette, Sie hatten ein Duell!

Plumpet. Wetten Sie nicht, Herr Ba= ron, wenn Ihnen Ihr Geld lieb ist. Sie müssen wissen, ich duellire in meinem Leben nicht. Sehen Sie! ich habe auf der ganzen weiten Welt keinen nähern Verwandten, als mich selbst. Und wenn mir der erstochen würde, so wäre es um meine ganze Descendenz gethan.

Und es wäre doch wahrhaftig um die schöne Race Schade. Er dreht sich um und um. Meinen Sie nicht? — Aber Karl! führe mich doch dem Herrn Baron auf! —

Karl H. Es ist auch wahr. Herr Baron! hier habe ich die Ehre, Ihnen einen sehr guten Freund von mir, den Herrn von Plumper, meines Vaters Mündel, vorzustellen.

Plumper. Der zu seinem größten Troste nicht lange mehr in dieser Vormundschaft bleiben wird. O, Karl! dein Vater ist ein Jude, ein verdammter unchristlicher Jude, sage ich dir.

Karl H. Herr Patron! ich bitte nicht so unbesonnen zu sprechen. Er ist mein Vater.

Plumper. Es wäre mir wirklich um deiner verstorbenen Mutter willen lieber, wenn er's nicht wäre. Schwer ist's auch zu glauben; denn du bist an Leib und Seele das Gegentheil von ihm. Aber lassen wir's jetzt bey Seite. Herr Baron! ich habe mir schon längst die Ehre

Ihrer Bekanntschaft gewünscht. Apropos! Ihr neuer Whisky ist ja fertig; und ich habe gehört, Sie werden künftigen Sonntag zum erstenmahle damit in den Prater fahren.

Willburg.   Woher wissen Sie denn das schon?

Karl H.   O, für Freund Plumper bleibt nichts verborgen.   Der hat eine Nase —

Plumper.   Wie ein Trüffelhund — versteht sich im moralischen Sinn.   Ich will Ihnen sagen, ich begegnete gestern Abend gerade Ihrem Kutscher, als er den Wagen vom Sattler abgeholt hatte; der sagte mir's.   Hören Sie! wenn Sie zum erstenmahle darin fahren, so nehmen Sie mich mit.   Der Wagen wird Aufsehen machen, und ich habe es gern, wenn mich die Leute recht ansehen.   Kann ich Ihnen wieder in irgend etwas dienen, so befehlen Sie.

Willburg.   Unterthäniger Knecht.   Ich werde so frey seyn, Sie zu bitten — Was ich sagen wollte! — Sie kennen doch wohl Fräulein Eveline?

Plumper. Ich werde doch! — wir stehen ja unter einerlei Vormundschaft. Hören Sie! sind Sie etwa verliebt in sie?

Willburg. Und wenn ich's wäre?

Plumper. Je nun! Unrecht hätten Sie nicht, — ganz und gar nicht. Wenn Sie wollen, so will ich's ihr sagen; so discursive versteht sich. — O ich weiß meine Sachen schon zu machen — ich!

Karl H. O ja — das muß man dir lassen, du bist ein schlauer Fuchs, du! — Die letzte Geschichte mit der Kaufmannsfrau! —

Plumper. Ich bitte dich, schweige mir von der Geschichte. Wenn einer von uns Ursache hätte, sich drüber zu beschweren, so wär' ich's wohl eher, als du.

Willburg. Und darf man wissen, was das für eine Geschichte ist?

B

Karl H. Warum nicht? Mir behagte die junge Frau eines Kaufmanns, bey dem Plumper im Hause wohnt. Die Aerzte hatten dem Mann das Reiten verordnet, und er war zu geitzig sich ein Pferd zu halten; ich ließ ihm also durch Freund Plumper das meinige anbieten, und gab ihm zugleich ein Billet, das er der Frau heimlich zustecken sollte. — Was thut er? Er offerirt der Frau das Pferd, und giebt dem Manne mein Billet.

Willburg. Ha ha ha! Das nenne ich eine gelehrte Distrakzion.

Plumper. Die mir beynahe übel bekommen wäre. Freund Herrmann läugnete seinen Brief sauber ab, und ich blieb in der Suppe stecken; und hätte beynahe noch eine tüchtige Tracht Schläge davon getragen, wenn ich nicht über Hals und Kopf ausgezogen wär'; denn der Narr vom Kaufmann bildete sich steif und fest ein, ich sey es, der Absichten auf seine Frau hätte. — Aber soll ich Evelinen etwas von Ihnen ausrichten?

Willburg. Gelegentlich können Sie ihr sagen, daß ich sie recht sehr nach meinem Geschmack fände; und daß ich sehnlich eine Gelegenheit wünschte, ihr es selbst sagen zu können.

Plumper. Schon gut! das will ich! — Verlassen Sie Sich darauf.

Karl H. sieht nach der Uhr. Wie lange nur mein Kerl bleibt! — Ich kann's kaum erwarten, bis ich Nachrichten habe.

Plumper für sich. Von was muß er doch Nachricht haben wollen?

Willburg. Das glaub' ich! — An deiner Stelle wär' ich eben so ungeduldig.

Plumper für sich. Was er nur haben muß! — Laut. Hast du etwas vor? Karl!

Karl H. Ja das hab' ich.

Plumper. Darf man's nicht wissen?

Karl H. Nein! — das darf man nicht.

Plumper. Aber vor mir brauchst du kein
Geheimniß zu haben.

Karl H. Das du nicht schon alles weißt!
Johann kömmt von weitem. Nun endlich! — dem
Himmel sey Dank!

Dritter Auftritt.

Die Vorigen.   Johann.

Willburg *zu Plumper, indem Karl Herrmann
mit seinem Bedienten heimlich spricht.* Ich war vorher schon im Begriff, Sie zu bitten, Herr von
Plumper, daß Sie mir im Fall der Noth ein
Billettchen an Evelinen bestellen sollten; aber
nach der Geschichte mit der Kaufmannsfrau,
die Herrmann mir erzählt hat, wage ich es
kaum.

Plumper *der indessen seine Neugierde zu erkennen gegeben, zu wissen, was Herrmann und der Bediente
sprechen.* Ey! so können Sie mir ja mündlich

auftragen, was Sie zu ſagen haben. *Für ſich.*
Das iſt verdammt; über des Barons Plaudern habe ich auch keine Sylbe verſtehen können.

Karl H. *halb leiſe zum Bedienten.* Alſo der
Alte geht den Morgen gar nicht aus?

Johann. Ja, er geht wohl aus; Hannchen weiß nur nicht zu welcher Stunde. Deswegen meint ſie eben, Sie oder ich ſollten etwa in
der Nachbarſchaft Schildwache halten; und
wenn wir ihn ſähen ausgehen —

Karl H. Schon recht! Lieber Willburg,
du wirſt verzeihen! — ein dringendes Geſchäft — In der Auberge finden wir uns.

Beyde ab.

Plumper *für ſich.* Ein dringendes Geſchäft! — Das muß ich herauskriegen, was
das iſt. Ich werde ihm nachgehen. *Laut.* Unterthäniger Diener Herr Baron.

ab.

Vierter Auftritt.

Willburg allein. Also die Auskunft, die
mir Herrmann gab, war eben so tröstlich nicht.
Wie, wenn ich lieber gleich vor die rechte
Schmiede ging? Das will ich; ich muß mit
ihr sprechen. Ich muß wissen, woran ich bin,
es mag kosten was es will. Aber der Alte
läßt mich nicht zu ihr; das weiß ich vorher.
Hätt' ich doch lieber dem dienstfertigen Plumper ein Briefchen an sie zu bestellen gegeben!
Indessen bey dem Geschreibe kömmt auch nicht
viel heraus. Mündlich kömmt man in einer
Viertelstunde weiter, als durch Briefe in vier
Wochen. Mir fällt etwas ein: einem Juden,
wie der alte Herrmann ist, dem ist alles feil;
vielleicht verkauft er mir eine Unterredung
mit seiner schönen Mündel. Der Seltenheit
wegen könnt' ich's schon probiren. Da kömmt
er eben, wie gerufen, die Allee her.

Fünfter Auftritt.

Baron Willburg. Der alte Herrmann.

Willburg. Ach! Freund Herrmann! siehe da!

Herrmann. Guten Morgen, Männchen! — guten Morgen — guten Morgen!

Willburg. Was machen Sie denn schon so frühe auf?

Herrmann. Selzerwasser trink' ich, Männchen! — Selzerwasser.

Willburg. Selzerwasser? — Wenn ich an Ihrer Stelle wär' — ich tränk' lieber China mit Tokayer.

Herrmann. Warum denn, Männchen, warum denn? Ich habe, Gott sey Lob, noch Kräfte genug, Männchen! ich habe noch Kräfte. Ich bin aus einem dauerhaften Stamme, ich! — Mein Vater und Großvater sind über neunzig alt geworden; — mein Vater und Großvater — und der alte Herrmann denkt's auch zu werden; ja ja, ja — denkt's auch zu werden.

Willburg. Recht so! Freund Herrmann hat Courage, wie ich höre! — Und wie geht's denn sonst?

Herrmann. So so so! nicht zum Besten, Männchen! nicht zum Besten. Kein Geld unter den Leuten! kein Geld, harte Zeiten! Das hängt alles in Ketten — alles in Ketten; nichts als Pfandverschreibungen, Hypotheken, Prolongazionen. Wenn man einmahl für ein paar tausend Gulden viertehalb Prozentchen Obligazionen sieht, so ist's ein großes Wunder, ja ja ja, ein großes Wunder. — Wenig Realitäten! — Dann und wann kömmt einmahl ein Familienschmuck, oder ein Silberservice zum Vorschein; aber das zehntemahl darf man auch nicht trauen. Es sind harte Zeiten, Männchen! — harte Zeiten.

Willburg. Reden wir von was andern. Das sind Odiosa. Was macht Ihre schöne Mündel?

Herrmann. Meine schöne Mündel! Woher wissen Sie denn, daß ich eine schöne Mündel habe?

Willburg. Die ganze Stadt weiß es ja.
Ich habe ſie einigemahl am Fenſter geſehen.
Wiſſen Sie, daß mir das Mädchen gefällt?

Herrmann. Wirklich? Ha ha ha! —
wirklich? — Sie gefällt mir auch, Männchen! —
ſie gefällt mir auch.

Willburg. So? Da wären wir wohl gar
Nebenbuhler?

Herrmann. Kann ſeyn, Männchen! —
kann ſeyn. Nebenbuhler! ha ha ha! ja ja ja.
Nebenbuhler!

Willburg. Aber, welcher von uns beyden
der Beglückte ſeyn wird? —

Herrmann. Der Beglückte? Ha ha ha!
— Ich kenne ihn wohl, Männchen! darf aber
noch nicht aus der Schule ſchwatzen — nicht aus
der Schule ſchwatzen. Ja ja ja, ich kenne ihn.

Willburg. Sagen Sie mir — warum
ſperren Sie ſie ſo ein?

Herrmann. Ich ſie einſperren? Mein
Männchen! ich ſperre ſie nicht ein — ich. Es
iſt ihr eigener Wille, ja ja ja, ihr eigener Wille.

Sie liebt die Gesellschaften nicht. Sie ist lieber zu Hause, ja ja ja, lieber zu Hause.

Willburg. Das glaub' ein andrer! — Ein junges hübsches Mädchen keine Gesellschaft lieben!

Herrmann. Auf Ehr' und Gewissen, Männchen! auf Ehr' und Gewissen. Ich könnte sie ganz ruhig hingehen lassen, wohin sie wollte, ohne im mindesten in Sorgen seyn zu dürfen. Ja ja ja, wohin sie wollte. Die Mannsperso-nen mag sie nun vollends gar nicht, ausgenom-men die, auf sich deutend, die schon ein gewisses Alter erreicht haben. Sie sagt: Ein junges Mädchen thut sehr falsch, wenn sie sich mit einem Manne einläßt, der nicht wenigstens über die funfzig ist, weil sie eher nicht wissen kann, was sie an ihm hat. Und sie kann wohl Recht haben, Männchen! kann wohl Recht haben.

Willburg. Vielleicht auch Unrecht? man kann nicht wissen. Ich möchte sie wohl einmahl sprechen.

Herrmann. Würde nichts helfen, Männchen! — Ha ha ha! — würde nichts helfen.

Willburg. Doch auch nichts schaden.
Höre Alter! wir haben in vorigen Zeiten, ehe
mein Onkel starb, so manches hübsches Negoz
mit einander gemacht, und sind immer gut mit
einander ausgekommen.

Herrmann. Ja ja ja, immer gut ausgekommen.

Willburg. Also laß uns jetzt auch eins
machen. Sieh! ich könnte dich doch wohl
prellen, ob du gleich ein alter schlauer Jud'z
bist.

Herrmann. Unterthänigst zu danken! —
Ha ha ha! — unterthänigst zu danken.

Willburg. Ich könnte, ohne dich erst
lange um Erlaubniß zu bitten, mein Heil bey
dem Mädchen versuchen.

Herrmann. Würde nichts helfen! —
würden nicht weit kommen, Männchen — gar
nicht weit kommen.

Willburg. Das käm' auf die Probe an. *Fortfahrend.* Aber ich gehe aufrichtig zu Werke. Ich sage dir's gerade heraus: ich habe Absichten auf das Mädchen. Und, *nachdrücklich:* ich will, ich muß sie sprechen.

Herrmann. Aber Männchen! es kann nichts helfen, es kann nichts helfen.

Willburg. In diesem Beutel sind funfzig Dukaten. *Schüttelt den Beutel.* Hörst du den Zauberton? hörst du? Sie sind dein, wenn du mir eine Unterredung mit ihr — laß einmahl sehen — ja, in einer Viertelstunde läßt sich viel reden — also von einer Viertelstunde gestattest.

Herrmann *will immer nach dem Beutel greifen, fährt aber immer wieder zurück.* Funfzig Dukaten! — Hm! hm! hm! ein schönes Sümmchen! — ja ja ja! ein schönes Sümmchen! Aber Männchen! nein, ich kann's nicht zugeben. Ich kannte Ihren seligen Onkel; einen ordentlichen, haushälterischen Mann; und ich kann's unmöglich zugeben, daß der

Neffe das ſchöne Geld ſo umſonſt und um nichts ver-
ſchleudert, das der Onkel mit ſo vieler Mühe zuſam-
menſparte. Es geht nicht, Männchen! — es
geht nicht.

Willburg. Nun! — wiſſen Sie was?
Steckt die Börſe ein. Wenn Sie zu gewiſſenhaft
ſind, Geld dafür zu nehmen, ſo geſtatten Sie
mir die Unterredung gratis.

Herrmann. Hm! hm! laſſen Sie mich
einmahl überlegen, Männchen! laſſen Sie mich
überlegen. — Gratis? — nein, das geht nicht;
nein, Männchen! — gratis geht's nicht. Wenn
Sie denn durchaus darauf beſtehen; hm, hm —
gratis geht's nicht. Wenn man euch Herrn die
Erfahrung nicht recht theuer bezahlen läßt, ſo
werdet ihr gar nicht klug — mit allem Reſpekt
geſprochen — Machen Sie alſo die hundert
Dukaten, und es mag drum ſeyn; aber Männchen! nur zehn Minuten lang. Nur zehn Minuten lang.

Willburg. Hundert Dukaten? — Das
iſt wahr! Sie ſind die Billigkeit ſelbſt. Geht.

nachdenkend auf und ab. Für sich: Was ist's auch?
funfzig Dukaten mehr oder weniger; Eveline ist
der Preis. — Laut: Es sey! Sie sollen die
hundert Dukaten haben.   -

Herrmann. Aber Männchen! die Unterredung muß in meiner Gegenwart geschehen.
Ja ja ja, in meiner Gegenwart.

Willburg. Auch das. Sie sollen zugegen
seyn, aber so, daß Sie nicht hören, was wir
sprechen; sehen können Sie alles von weitem,
was vorgeht.

Herrmann. Wie machen wir denn das?
Männchen! wie machen wir denn das? Ich muß
so etwa durch's Schlüsselloch —

Willburg. Ja das können Sie.

Herrmann. Aber die Thüre wird doch
nicht verriegelt?

Willburg. Nein, es muß alles offen und
frey zugehen, und zwar muß es noch diesen Vormittag geschehen.

Herrmann. Freylich. Je eher, je lieber!

Willburg. Alſo ich gehe, um das Geld
zu holen. Auf Wiederſehen.

ab.

Herrmann. Unterthäniger Diener —
wird mir eine Gnade ſeyn — eine Gnade ſeyn.
Ha ha ha! Habe doch in meinem Leben ſchon
manchen Handel gemacht, aber ſo einen komi-
ſchen noch nicht. Hundert Dukaten für eine
Unterredung mit einem Mädchen! Hm, hm!
wenn das Ding ſo Mode würde, ſo wär' ein hüb-
ſches Mädchen ſchon ein Kapitälchen, das ſich gut
verintereſſirte. Aber wenn es denn etwa unſerer Regierung einfiel, eine Verſtandscommiſſion
niederzuſetzen, die dieſe Unterredungen nach ihrem
innern Werth ſchätzen müßte; da würde mancher Vater und mancher Vormund das Geld
ſauber wieder herausgeben müſſen.

Zweyter Aufzug.

Erster Auftritt.

Des alten Herrmanns Wohnung.

Der alte Herrmann. Eveline.

Eveline.

Hundert Dukaten giebt er Ihnen, für die Erlaubniß mit mir zehn Minuten lang sprechen zu dürfen?

Herrmann. Ja ja ja, Männchen! Hundert Dukaten! — Zum Todtlachen ist's. Ha ha ha! — zum Todtlachen.

Eveline für sich. Und ich möchte weinen vor Freuden. Guter Junge! wenn du in mein Herz sehen könntest, wie sehr es dir Dank weiß!

Sie wischt sich die Augen.

Herrmann. Und lauter ſchöne geränderte Ungarn! ha ha ha! lauter Ungarn, Männchen! Ha ha ha! — Aber Sie lachen ja nicht mit, Männchen!

Eveline zwingt ſich zum Lachen, indem ſie ſich die Augen wieder wiſcht. Je, lieber Herr Vormund! ich lache ja. Sehn Sie nicht? ich lache daß mir die Augen übergehen.

Herrmann. Es iſt aber auch lächerlich, für ſo etwas ſo viel Geld zu geben — ſehr lächerlich.

Eveline. Aber, lieber Herr Vormund, iſt es auch recht, daß Sie es nehmen? —

Herrmann. Ob's von mir recht iſt, Männchen? ob's von mir recht iſt? Freylich iſt's recht; ja ja ja, vollkommen recht. Solche Burſche muß man witzigen. Sie lernen den Werth des Geldes nicht eher ſchätzen, als bis ſie nicht viel mehr haben Man muß ihnen alſo die Beutel dünne machen, wo man kann, da-

C

mit sie das besto eher lernen. Aber ich glaube
gar', es ist meinem Männchen leid um ihn?
He?

Eveline. Leid? mir leid? Wie könnte mir
denn um so einen Narren leid seyn, der sein
Geld so unnützer Weise wegwirft? Es ist um
der Leute willen, wenn er's wieder erzählt!

Herrmann. Nun so wird man ihn aus-
lachen, das ist alles. Aber so dumm wird er
nicht seyn. — Aber Männchen nehmen Sie
Sich in Acht! es ist ein hübscher Kerl! —
Ja ja ja, ein hübscher Kerl.

Eveline. Und wenn er noch hundertmahl
hübscher wär'! Sie wissen ja lange, wie ich über
diesen Punkt denke. Meine Wahl ist getroffen.

Herrmann. Ist sie? nimmt sie bey der Hand,
ist sie wirklich getroffen, Männchen? — Was
ich für ein glücklicher Kerl bin! — Wenn ich
das liebe Pätschchen da in meinen Händen habe,
so dünke ich mich allemahl um zwanzig Jahre

jünger. Aber ich bin auch noch nicht gar zu alt, Männchen! bin ich? he? — Nein, ich bin noch so leicht, so frisch, *springt*, ja — ich wollte drey Tage und drey Nächte hinter einander, — drey Tage und drey Nächte hinter einander wollte ich herumspringen und tanzen. Aber ich will mein Männchen auch herausputzen — ich will sie herausputzen! Einen Brilliantschmuck soll sie haben, und eine Equipage trotz einer Gräfin. Ja ja ja. Der alte Herrmann kann wohl herausrücken, wenn er will.

Eveline. Und wann geht die Unterredung vor sich?

Herrmann. Noch diesen Vormittag, Männchen! noch diesen Vormittag. O er wird bald mit seinen hundert Dukaten angestochen kommen, wird bald angestochen kommen!

Eveline. O ich wollte nur er käme bald!
Sie sagt das, als obs ihr herausführ.

Herrmann. So? das wollte mein Männchen? — Warum wollte mein Männchen das?

Eveline. Weil ich — weil ich vor Tische zu Charlotten fahren wollte.

Herrmann. Ach so? — aber apropos, eine Bedingung hätt' ich bald vergessen. Mein Männchen muß mir versprechen, kein Wort mit ihm zu reden, keinen Laut von sich zu geben, er mag auch sagen und thun was er will; das muß mir mein Männchen versprechen.

Eveline. Wie? ich soll nicht einmahl mit ihm reden, für seine hundert Dukaten?

Herrmann. Und wenn's tausend wären. Das ist ja eben der Spaß, Männchen! Er muß recht geprellt werden, ja ja ja, recht tüchtig muß er geprellt werden.

Eveline. Aber bedenken Sie, lieber Vormund! — Nein, ich kann unmöglich drein willigen.

Herrmann. Nun so wird aus der ganzen Sache nichts, Männchen! wird nichts; werd's ihm absagen lassen; ja ja ja, werd's ihm absagen

laſſen. Die ſchönen hundert Dukaten dauern
mich freylich, aber — Ja ja ja, werd's ihm abſa-
gen laſſen.

Eveline. Nun damit Sie ſehen, daß ich
nachgeben kann; meinetwegen. Ich will ſtumm
ſeyn, wie ein Fiſch. Jetzt will ich meinen Kopfputz ein wenig in Ordnung bringen; wenn er
kömmt, ſo laſſen Sie mich rufen.

ab.

———

Zweyter Auftritt.

Der alte Herrmann. Hernach
Karl Herrmann.

A. Herrmann allein. Der iſt angeführt.
Aber ſchon recht, ſchon recht, Ja ja ja; es iſt
ihm ſchon recht. Lehrgeld müſſen die Herrn geben. Denkt ſo ein Menſch gleich, er kann unſer einen ausſtechen, weil er etliche zwanzig Jahr
jünger iſt! Ja doch! — Als ob's nicht auch
Mädchen gäbe, die ſolide denken! — Aber mein

Lenchen, die denkt solide, ja ja ja, die denkt solide. Karl Herrmann tritt ein. Nu! was will Er, junger Herr? wer hat Ihn heißen kommen?

Karl H. Leider, Sie nicht, mein Vater!

Herrmann. Werd's auch wohl schwerlich in meinem Leben, werd's wohl schwerlich. Nun was giebt's? Vermuthlich die alte Leyer! — wird wohl Geld haben wollen? Ja ja ja, das kenn' ich schon, kenn's schon.

Karl H. Und da Sie meine Bedürfnisse wissen, mein Vater! da es in Ihrer Macht steht, sie zu befriedigen —

Herrmann. Bedürfnisse? — befriedigen? — Möchte doch wohl wissen, was ein junger lediger Mensch für Bedürfnisse haben kann, der jährlich vierhundert Gulden hat? — Muß sich nach der Decke strecken, ja ja ja, nach der Decke strecken. Habe mit viel weniger angefangen, ich — mit viel weniger angefangen; aber vom Wirthſchaften wollen die jungen Herrn nichts wiſſen. *Befühlt ſeinen Rock.* Was koſtet das Tuch da?

Karl H. Sechs Gulden.

Herrmann. Giebt welches für zwey, Männchen! — giebt welches für zwey. Seidene Strümpfe brauchen's auch nicht zu ſeyn. Wollene verrichten's auch.

Karl H. Mein Vater! laſſen Sie uns einmahl ernſthaft ſprechen. Ich hatte mir in der That ſchon ſteif und feſt vorgenommen, Sie nicht mehr mit meiner Gegenwart zu beläſtigen. —

Herrmann. Und Er hätte wohl daran gethan, wenn Er Seinen Vorſatz ausgeführt hätte! ja ja ja, hätte recht wohl daran gethan.

Karl H. Aber ein Umſtand, der ſich geſtern ereignete, bewog mich noch einen, und zwar den letzten Anfall auf Ihr väterliches Herz zu thun. Sie kennen meine Liebe zu Charlotten Mileck!

Herrmann. Eine Narrenliebe das. Hab's oft schon gesagt. Eine Narrenliebe. Das Mädchen hat nichts.

Karl H. Gestern verboth mir der alte Mileck, zwar auf eine sehr höfliche, doch mir sehr empfindliche Art, sein Haus.

Herrmann. Das war vernünftig von ihm — recht sehr vernünftig.

Karl H. Ich kann ohne das Mädchen nicht leben.

Herrmann. Wird schon angehen, Männchen! — wird schon angehen. Mußt's nur versuchen, ja ja ja, mußt's nur versuchen.

Karl H. etwas bitter. Und das einzige Hinderniß ist — daß mich mein leiblicher Vater darben läßt, dem es so ein leichtes wär', mich in den Stand zu setzen, daß ich eine Frau ernähren könnte; noch bitterer: daß mir dieser Vater sogar das vorenthält, was mir von Gott und Rechts wegen gehört.

Herrmann. Was Ihm von Gott und Rechts wegen gehört? — Nun seh' ein Mensch einmahl an! seh' mir doch einer an! was Ihm gehöret! — Und was gehört Ihm denn? Was ich Ihm geben will, junger Herr! — sonst gehört Ihm nichts. Und jetzt will ich Ihm noch nichts geben, versteht Er mich? nichts will ich Ihm geben; und folglich gehört Ihm auch nichts. Versteht Er mich? He! —

Dritter Auftritt.

Die Vorigen. Plumper.

Plumper im Eintreten für sich, indem er Karln sieht. Ach! da ist er ja. Nun soll er mir nicht wieder entwischen. laut. Guten Morgen, Herr Vormund!

Herrmann. Ihr Diener! Ihr Diener! — was wollen Sie? — Gewiß wieder Geld?

Plumper. Errathen, richtig errathen. Ich bräuche höchst nöthig fünfhundert Gulden.

Herrmann. Fünfhundert Gulden? Nu nu nu! Sie werden Ihr Vermögen auch verthun, ehe Sie es in die Hände bekommen. Indem er schreibt.

Plumper. Da müßt' ich mich verzweifelt tummeln. Morgen über sieben Wochen bin ich mündig.

Herrmann. Wie er die Tage zählt? — Da Männchen! giebt ihm einen Zettel, lassen Sie Sich das drüben von meinem Buchhalter auszahlen.

Plumper für sich. Hol' der Teufel den Buchhalter. Indessen läuft mir Karl wieder davon, und ich erfahre nicht, was er vorhat. Und das Geld brauch ich doch auch. Ich muß nur geschwind laufen. ab.

Vierter Auftritt.

Der alte Herrmann. Karl Herrmann.
Hernach Plumper. Dann Ein Bedienter.

Karl H. Also mein Vater, Sie sind nicht
zu bewegen?

Herrmann. Ich will Ihm einen Vorschlag
thun. Da Er so erschrecklich Lust hat zu heirathen, so wüßt' ich eine Partie für Ihn, die gar
nicht zu verachten ist, ja ja ja, gar nicht zu verachten. Sie hat sechzigtausend Gulden; die
Frau von Bruner — da schief über.

Karl H. Wie? die alte Sechzigjährige?

Herrmann. Nu nu nu? — sechzig Jahre.
Ist denn das ein Alter? he? — ist das ein
Alter? — Ich werde auch dreyundsechzig auf den
ersten April, und denke immer noch eine hübsche
Weile das Leben zu genießen, ja ja ja, eine
hübsche Weile, und wohl nach Umständen noch
zu heirathen.

Karl H. Aber so ein häßliches Geschöpf, das auf beyden Augen schielt?

Herrmann. Desto besser für Ihn; so wird sie über manchen Seiner dummen Streiche hinwegsehen. Ha ha ha! —

Karl H. Das auf der linken Seite einen Buckel hat? —

Herrmann. So leg' Er auf die rechte ihre sechzigtausend Gulden, so wird der Rücken gerade. O, sechzigtausend Gulden machen eine schöne Taille, ja ja ja, eine schöne Taille.

Karl H. Und ihr häßlicher Charakter?

Herrmann. Aber sie hat sechzigtausend Gulden. Versteht der Herr? — sechzigtausend Gulden! —

Karl H. Unmöglich, mein Vater! — lieber verhungern.

Herrmann. Nu nu nu! wie Er will, wie Er will. Stark auf und abgehend. Eine Partie mit sechzigtausend Gulden auszuschlagen? Jetzt hat Er Zeit, daß Er geht.

Karl H. Ich gehe schon, mein Vater! —

ab.

Herrmann. Die jungen Leute sind heut zu Tage alle närrisch; alle rein närrisch.

Plumper tritt ein. — Ist Karl schon fort?

Herrmann. Sehen Sie ihn?

Plumper. Und wissen Sie nicht, wo er hingegangen ist?

Herrmann. Ich will nichts von ihm wissen. Ich mag nichts von ihm wissen.

Plumper. Und ist er schon lange weg?

Herrmann: Herr! machen Sie mir den Kopf nicht warm.

Plumper. Brr. So muß ich geschwind sehen, ob ich ihn noch finde.

ab.

Herrmann allein. Uh! — habe ich mich doch ordentlich über den Buben geärgert! — ordentlich geärgert. Der Henker mag sich auch über so was nicht ärgern. »Kinder sind eine

»Gabe des Himmels!« — ja ja ja, eine schöne Gabe des Himmels! — Was mich betrifft — ich hätte sie ihm gerne geschenkt.

Bedienter. Es ist ein Herr da, der sich Baron Willburg nennt.

Herrmann. Laß ihn herein kommen. Bedienter ab. Nun wird der Spaß los gehen.

———————

Fünfter Auftritt.

Der alte Herrmann. Baron Willburg.

Herrmann. Sieh da! — Glaubte kaum, daß Sie Wort halten würden, Männchen! — glaubt's kaum.

Willburg. Wie so? Hab' ich Ihnen schon oft mein Wort gebrochen?

Herrmann. Das nicht, Männchen! das nicht. — Aber der ganze Handel ist so spaßhaft,

ſo komiſch, daß ich gar nicht glaubte, daß es
Ihr Ernſt wäre, ja ja ja, glaub' es kaum, daß
es Ihr Ernſt wäre.

Willburg zieht ſeine Börſe heraus, und hält ſie
ihm hin. Glauben Sie's auch jetzt noch nicht?

Herrmann indem er die Börſe nimmt. Ah!
jetzt glaub' ich's, ja ja ja, jetzt glaub' ich's.
Aber Männchen! du haſt's doch reiflich über-
legt? he?

Willburg. Holen Sie mir Evelinen.

Herrmann. Es iſt nur, daß du dich nach-
her nicht über mich beklageſt, Männchen! daß
du hernach nicht etwa ſprichſt, ich hätte dich ge-
preßt.

Willburg. Holen Sie mir Evelinen, ſag'
ich.

Herrmann. Nu nu nu; ihr allerliebſten
ſcharmanten gelben Dingerchen, ihr! da nehmt
Abſchied von eurem Herrn. Er klingelt ihm mit
dem Beutel vor den Ohren, und geht lachend ab.

Willburg allein. Nun Gott der Liebe! wenn du mich dießmahl sitzen läßt, so komm' ich deinem Altar in meinem Leben nicht wieder zu nahe. Wenn das Mädchen ein Herz hat, wenn das Blut so warm in ihren Adern wallt, als es auf ihren Wangen glüht; o — dann habe ich meine hundert Dukaten mit Wucher angelegt.

———

Sechster Auftritt.

Baron Willburg. Eveline. Der alte Herrmann.

Herrmann. Nun da bring' ich sie. Viel Glück zur Expedizion! ha ha ha! — Eveline und Willburg machen einander stumme Verbeugungen.

Willburg. Jetzt auf Ihren Posten.

Herrmann geht langsam nach der Thüre, und zieht die Uhr heraus.

Willburg. Geschwind, geschwind! die Zeit gehört mir, denn ich habe sie gekauft.

Herrmann indem er sich innerhalb an die Mittelthüre stellt. Punkt elf Uhr ist's.

Willburg. Um Vergebung! — so haben wir nicht gewettet. Außerhalb der Thür ist Ihr Posten. führt ihn hinaus. Marsch!

Herrmann. Nu nu nu! ich gehe schon.

ab.

Während der Szene öffnet er von Zeit zu Zeit die Thüre, um etwas zu verstehen, was Willburg sagt; aber so oft sich dieser nach der Thüre wendet, zieht er den Kopf wieder zurück.

Willburg. So ist denn endlich die Morgenröthe meines Glückes angebrochen! O, daß ich mir einen schönen Tag davon versprechen könnte! Eveline schlägt die Augen nieder. Schlagen Sie Ihre schönen Augen nicht nieder; wenden Sie Sich nicht weg von mir, damit ich darin lesen kann, ob Ihnen der Schritt, den ich gethan habe, nicht mißfällt.

Eveline für sich. O, daß ich reden dürfte!

D

Willburg. Sie sagen nichts? — Sollte Ihnen meine Kühnheit wirklich mißfallen? *Er kniet nieder.* Hier liegt er zu Ihren Füßen, der reuige Verbrecher! *Eveline reicht ihm die Hand, und hebt ihn auf; er drückt sie schweigend an seine Lippen.*

Herrmann *reißt die Thür auf, und kömmt einige Schritte ins Zimmer herein.* Halt! halt! Männchen! Das Handküssen steht nicht in unserm Kontrakt.

Willburg. Das ist nur so eine Art von Vorrede. Nur hinaus! marsch! *Der Alte geht brummend wieder hinaus.* Noch immer die Augen so niedergeschlagen? Wollen Sie mich denn keines einzigen Blicks würdigen?

Eveline *für sich.* Wenn ich dießmal Gewalt genug über mich behalte, so bin ich eine gute Komödiantin.

Willburg. Noch immer stumm? Vielleicht gefällt Ihnen mein schmachtender Schäferton nicht? Gut. Wir wollen einen andern pro-

biren. Kömmt ihr näher. Süßes, göttliches Mädchen! ſagen Sie mir, warum ſehen Sie mich
nicht an? Bin ich denn keines Blickes werth?
keines einzigen Blickes? Ha! itzt merk' ich's,
ich bin Ihnen zu gefährlich. Bin ich? Sie
blickt verſtohlen nach ihm, begegnet ſeinen Augen, und
ſchlägt die ihrigen geſchwind wieder nieder. Wiuburg
ſpringt auf ſie zu, und ſchlägt ſeine Hand ſanft um ihren Leib. Alſo doch? — denn dieſer Blick ſchien
mir Ja zu ſagen. O, dachte ich's doch gleich,
daß in dieſem ſchönen Körper ein gefühlvolles
Herz ſchlüge.

Herrmann wie oben. Ho ho, gar umarmen? Das iſt wider die Abrede.

Willburg legt die Hand an den Degen. Wenn
Sie Sich noch einmahl unterſtehen, uns zu ſtören —

Herrmann geſchwind wieder hinaus eilend.
Das iſt ein deſperater Menſch.

Willburg. Aber ſagen Sie mir um alles
in der Welt, warum bekomme ich kein einziges

Wörtchen aus Ihrem schönen Munde zu hören? Eveline seufzt. Was bedeutet dieser Seufzer? Sollte Ihr heimtückischer Vormund Ihnen etwa das Reden verboten haben? Eveline nickt mit dem Kopfe, Wilburg nach der Thüre. Ha, Bube! Aber es soll ihm doch nichts helfen. Antworten Sie mir durch Zeichen, liebes Mädchen! aber geschwind und aufrichtig; die Zeit ist dringeub. Also: ist es wahr, daß Sie den alten Herrmann heirathen wollen? Sie schüttelt den Kopf. Dacht' ich's doch! — Und ist Ihr Herz noch frey? Sie seufzt. Dieser Seufzer ist etwas zweydeutig. — Kenne ich den Glücklichen, für den es schlägt? Sie nickt mit dem Kopf, aber ohne ihn anzusehen. Wenn es für mich schlüge — dieses Herz? — Sie wirft einen bedeutenden Blick auf ihn, und seufzt. — Dank, Dank, tausend Dank! Er ergreift bey diesen Worten ihre Hand, und steckt ihr ein Papier hinein, das sie aber fallen läßt; er hebt's auf, und giebt's ihr noch einmal. Sie haben ein Papier fallen lassen.

Herrmann der indem eilig zur Thür herein tritt. Halt! halt! von Briefchenzustecken haben wir auch nichts ausgemacht.

Willburg. Wie oft soll ich's noch sagen, daß —

Herrmann. Nu nu! — die zehn Minuten sind um. *Hält ihm die Uhr hin.*

Willburg. Wirklich? — in solcher Gesellschaft hat die Zeit doppelte Flügel.

Herrmann. Ha ha ha! Es freut mich, wenn Sie Sich gut unterhalten haben, freut mich recht sehr.

Willburg. Auf mein Wort, recht gut. Einen solchen Engel auch nur zu sehen, ist mehr werth, als stundenlange Gespräche mit hundert andern. *Macht eine Verbeugung, und geht ab.*

Herrmann ihm nachgehend. Für das Geld muß ich ihn schon hinunter begleiten.

ab.

Eveline allein, indem sie den Zettel öffnet. Was schreibt er denn? Liest: »Da ich nicht wußte, »in wie ferne den Ohren des Alten zu trauen »wäre oder nicht, so schrieb ich auf allen Fall »diesen Zettel, um Ihnen zu sagen, daß Plum- »per in mein Geheimniß eingeweiht ist. Ich »bitte Sie um alles in der Welt, lassen Sie »mich durch ihn wissen, wenn ich so glücklich »seyn kann, Sie ingeheim zu sprechen.« Indem sie den Zettel zerreißt, und die kleinen Stückchen auf die Erde wirft. Durch Plumper? — Das wär' ein schlauer Merkur.

Siebenter Auftritt.

Eveline. Der alte Herrmann.

Herrmann. Ha ha ha! der hat die ganze Treppe hinunter auf mich geschimpft, und ge- brummt. Je nu — für hundert Dukaten kann er schon schimpfen.

Eveline. Nun? habe ich meine Sachen nicht gut gemacht?

Herrmann. Hm! ja, bis auf das Handküssen und Umarmen.

Eveline. War denn das meine Schuld? was kann ich denn dafür? Ich versichere Sie, es hat mich Mühe genug gekostet, zu schweigen.

Herrmann. Das glaub' ich. Ha ha ha! das Schweigen kostet den Weibern immer Mühe. Aber Männchen! er gab Ihnen ja einen Zettel.

Eveline. Freylich. Da liegt der Bettel auf der Erde. Ich habe ihn nicht einmahl gelesen.

Herrmann *indem er einige Stücke aufhebt.* Hätten ihn doch lesen sollen, Männchen! hätten ihn doch lesen sollen. Hm hm. *Indem er die Stücke jedes einzeln besiehet.* Da steht: »Geheim»niß« — »zu sprechen« — »eingeweiht« —

»diesen Zettel« — Da werde der Henker klug daraus. Hätten ihn nicht zerreißen sollen.

Eveline. So? nicht zerreißen? Ist's nicht genug, daß ich mir seine mündlichen Impertinenzen gefallen lassen mußte? soll ich mich auch noch mit seinen schriftlichen abgeben? Sie machen mir noch Vorwürfe? Seyn Sie doch froh, daß ich Ihnen keine mache.

Herrmann. Nu nu nu, Männchen! es war ja so nicht gemeint; war so nicht gemeint; Nur nicht böse!

Eveline. Hab' ich denn nicht Recht? Ich lasse mich von Ihnen zur Puppe brauchen, lasse mir von dem Gecken eine Menge Albernheiten vorsagen.

Herrmann. Aber englisches, bestes Mädchen! ereifern Sie Sich nur nicht; 's war nicht so gemeint. Sie haben recht daran gethan, daß Sie den Zettel zerrissen haben; haben schon recht daran gethan, ja ja ja, schon recht — sehr recht, müssen nur nicht gleich böse werben. — Ich dachte, Sie hätten noch ausfahren wollen?

Eveline. Es ist auch wahr. Ueber die Possen hätt' ich das bald vergessen.

Herrmann. Nun kommen Sie. Ich will Sie zum Wagen führen. Muß ohnehin einen Gang machen. Nur keinen Groll, Männchen! nur keinen Groll.

                                    Führt sie ab.

─────────

Achter Auftritt.

Zimmer in Milecks Hause.

Charlotte. Hernach Karl Herrmann. Dann Hannchen.

Charlotte kömmt mit einem Buch in der Hand. Sie legt es weg. Jetzt könnte er immer kommen, mein Vater ist schon eine gute Weile weg. Sonst kömmt er uns über den Hals, ehe wir uns es versehen. Karl H. tritt ein — Auf ihn zulaufend. Ach, lieber Karl! dacht' ich doch, Sie hätten's dießmahl versäumt? —

Karl H. So? glauben Sie, daß ich einen einzigen Augenblick versäumen konnte, den ich mit meiner Charlotte zubringen soll? — Wissen Sie wohl, daß dieses Mißtrauen Strafe verdient? —

Charlotte hält ihm den Mund hin. Nun denn: strafen Sie, wenn Sie meinen, daß es seyn muß. — Er küßt sie. Aber wirklich, wenn Sie keine härtern Strafen für mich ausfinnen, so wird in meinem Leben nichts aus mir.

Karl H. Kleine, liebe Muthwillige! —

Charlotte. Aber wo blieben Sie denn so lange?

Karl H. Da war der verwünschte Plumper, meines Vaters Mündel, der ging mir nicht vom Halse. Ich wollte es ihm nicht merken lassen, wo ich hin ging; und da hab' ich mich bald da, bald dort herum getrieben, bis ich ihn endlich etwas weiß machte, und mich in Ihr Haus stahl.

Charlotte. Nun? — waren Sie bey Ihrem Vater, lieber Karl?

Karl H. Ja leider! — war ich bey ihm!

Charlotte. Leider? — Also klingen wohl die Nachrichten ziemlich verstimmt?

Karl H. Wie gewöhnlich, liebe Charlotte! Der Unmensch — der Himmel verzeihe mir die= sen Ausdruck! Ich muß mir wahrlich oft alle Mühe von der Welt geben, um nicht zu verges= sen, daß er mein Vater ist.

Charlotte. Also alles rund abgeschla= gen? — nicht wahr?

Karl H. Alles — keine Hoffnung, von ihm etwas zu erhalten.

Charlotte indem sie sich verstohlen eine Thräne trocknet. Hm, das ist nun eben nicht so gar er= freulich.

Karl H. ergreift ihre Hand. Verbergen Sie Sich nicht vor mir, Charlotte, ich sehe wohl, daß Ihnen die Augen übergingen. O, in dieser Thräne ist ein ganzer Quell von Muth und Hoffnung für mich. Wer ein solches Mädchen, wie Sie sind, Charlotte, so innig liebt, an wessen Schicksal ein solches Mädchen so inniger Theil nimmt, der kann nicht unglücklich seyn.

Charlotte. Schwärmer, der Sie sind!

Karl H. Lassen Sie mich immer schwärmen. Meine Hoffnung ist eben auch nicht so gar ungegründet. Ich weiß, daß ich nicht ohne Talente bin. Der Präsident ist mit meiner Arbeit zufrieden. Bey der nächsten Veränderung, die bey meiner Stelle vorgeht, muß sich wahrscheinlicher Weise mein Schicksal zu meinem Vortheil ändern. Kurz Charlotte! hier haben Sie meine Hand, und mit ihr die Wiederholung des Versprechens, das ich Ihnen so oft gethan habe: Nur mit meinem Tode lasse ich Sie.

Hännchen tritt ein.

Charlotte. Was giebt's? — Doch nicht mein Vater?

Hannchen. Nein — Fräulein Eveline.

Wieder ab.

Karl H. Meines Vaters Mündel? — Kennen Sie die auch?

Neunter Auftritt.

Die Vorigen. Eveline. Hernach Hannchen.

Eveline. Ich bitte dich um Verzeihung, Liebe, wenn ich dich störe; aber ich hatte dir diesen Vormittag einmahl einen Besuch zuge= dacht. Ach sieh doch! da ist ja mein hoffnungs= voller Herr Stiefsohn auch. Ey ey ey! das sieht mir ja gar aus, wie ein Tete a Tete! Und mir, Ihrer künftigen Stiefmutter wird kein Wört= chen von Ihrer Inklination gesagt?

Karl H. Wußt' ich denn, ob sich meine schöne Stiefmutter die Mühe nehmen würde, sich mit solchen Kleinigkeiten abzugeben?

Eveline. Mit solchen Kleinigkeiten? Leidest du das, Charlotte, daß er seine Liebe zu dir eine Kleinigkeit nennt?

Charlotte. Warum nicht? wenn Er es zu verantworten gedenkt? Aber sage mir: deinen Stiefsohn nennst du Karln? du wirst doch nicht — Sie hält inne.

Eveline. Nun, was werd' ich denn nicht? — Sag es nur heraus: meinen Vormund heirathen, meinst du; nicht wahr? — Und warum sollt' ich denn nicht? Wär' denn die Partie so gar verwerflich?

Karl H. spöttisch. O, freylich nicht; das müßte ein sehr grillenhaftes Mädchen seyn, das eine solche Partie nicht annehmbar fände.

Eveline. Und ich versichere Sie, Karl — ich werde eine recht gute Stiefmutter gegen Sie seyn.

Karl H. Daran zweifle ich gar nicht.

Eveline. Sie sagen das in einem Tone, als ob Sie eine Stiefmutter in Ihrer Lage für ein sehr entbehrliches Möbel hielten. Im Grunde können Sie auch Recht haben. Also! was geben Sie mir, wenn ich zurück trete?

Karl H. Und Sie, mein Fräulein, Sie sagen das in einem Tone, als ob's nicht ganz Ihr Ernst wäre.

Eveline im ernsthaften Ton. Karl! Sie verkennen mich.

Karl H. Desto besser für uns beyde, mein Fräulein.

Eveline. Können Sie im Ernst glauben, daß ich toll genug bin, Ihren Vater heirathen zu wollen? Charlotte! wir kennen einander doch von Jugend auf. Hast du jemahls an mir gemerkt, daß es hier, auf die Stirn deutend, nicht ganz richtig bey mir war? Ich bin zwar lange nicht bey dir gewesen, allein ich kann dich versichern, daß noch alles mit mir beym alten ist.

Karl H. Also hab' ich mich wirklich in Ihnen geirret? Wie gerne bitte ich Sie um Vergebung!

Eveline. Für einen solchen Irrthum haben Sie's aber auch nöthig. Ihn dafür zu bestrafen, das überlasse ich dir, liebe Charlotte!

Karl H. War aber bey Ihrem bisherigen Betragen gegen mich mein Irrthum nicht einigermaßen zu rechtfertigen?

Eveline. Weil ich zurückhaltend, weil ich sogar dann und wann unfreundlich gegen Sie war? — Das mußte ich, wenn ich meinen Plan durchsetzen wollte. Jetzt ist er beynahe reif. Nebenbey kann ich Ihnen sagen, daß Sie und Charlotte einen großen Antheil daran haben.

Charlotte. Ich auch?

Eveline. Ja, du auch! Du kleine Unschuld du! wie du so fragen kannst! als ob nicht alles, was Karln angeht, dich auch anginge? — Ich will euch mehr davon erzählen. Aber warum gehen wir nicht lieber in dein Zimmer?

Charlotte. Es ist auch wahr; schicklicher ist's freylich, als hier im Vorzimmer. Hannchen! Hannchen kömmt. Schließ mein Zimmer auf; wir wollen hinüber gehen.

Hannchen. Desto besser. Wenn der Herr unvermuthet kömmt, so überrascht er sie drüben nicht so leicht als hier. ab.

Charlotte. Ist's gefällig?
Sie und die andern ab.

———

Zehnter Auftritt.

Plumper allein. Er steckt den Kopf zur Thür herein. Eben hört' ich hier reden; und gleichwohl sehe ich niemand. Er kömmt herein. Das Haus ist wahrhaftig wie behext. Wenn ich nur wüßte, wer hier wohnt! Ich weiß nicht, es kömmt mir alles so verdächtig vor. Was nur Karl hier

E

zu thun hat? und so lange? — Ich stehe schon
über zwanzig Minuten unten, und laure auf ihn.
Wissen möcht' ich doch, bey wem er ist. Horch!
— da drinnen rührt sich etwas. Er geht an die
Thüre, und guckt durch's Schlüsselloch. Da sitzt er
drinnen mit zwey Frauenzimmern, und just sitzen
sie mit dem Rücken gegen die Thür. Das ist
fatal, kann ich nicht einmahl sehen, wie sie aussehen. Die eine spricht sehr viel.

Eilfter Auftritt.

Plumper. Mileck.

Mileck der Plumpern in dieser Stellung überschaut.
Was ist das für ein Mensch? Plumper fährt zusam-
men. Was hat der Herr hier zu thun? Er faßt
ihn beym Kragen.

Plumper. Ich — ich — heiße Plumper.

Mileck. Was, der Herr hier zu thun hat, will ich wissen. Vermuthlich die Schlösser visitiren, ob es gut Einbrechen ist? *Er schüttelt ihn.*

Plumper. Ich bin ein ehrlicher Mensch — Karl kennt mich.

Mileck. Karl? was für ein Karl? *Er schüttelt ihn noch stärker.* Nun? — wird Er reden?

Plumper. Karl Herrmann, der badrin ist.

———

Zwölfter Auftritt.

Die Vorigen. Hannchen. Hinter ihr Charlotte und Eveline.

Hannchen *indem sie heraus tritt, zurück rufend.* Der Herr —

Mileck *der Plumpern los läßt.* Wo ist Karl Herrmann?

Plumper. Dadrin ist er. Ich habe ihn gesehen.

Eveline. Schwärmen Sie, Herr von Plumper, oder haben Sie seinen Geist gesehen? Die beyden Frauenzimmer vertreten die Thür. Ich habe doch auch die Ehre den jungen Herrmann zu kennen, ich müßte ihn doch also gesehen haben.

Hannchen am Fenster. Da geht er gerade über die Straße! — Ist's nicht der, gnädiges Fräulein?

Eveline nimmt Mileck beym Arm, und führt ihn zum Fenster, indem öffnet Charlotte die Thür ihres Zimmers, und Karl springt schnell heraus über das Vorzimmer hinüber, und durch die Mittelthür hinaus. Ich glaube er ist's, dorten.

Plumper der Karln hinaus springen sieht. Da läuft er ja.

Mileck sich umsehend. Wo?

Eveline indem sie Plumpern winkt. Da auf der Straße meint er! Aber er ist's doch wohl nicht.

Plumper. Nein, ich meinte. —

Eveline winkt ihm noch einmahl und fängt an zu huſten.

Mileck. Ich werde das gleich unterſuchen, und wenn ich ihn finde, ſo kannſt du dich freuen.

Ab, in Charlottens Zimmer.

Plumper. Der Teufel! da hab' ich wohl einen dummen Streich gemacht.

Eveline. Ihrer gewöhnlichen Art nach. Muß Sie der Henker auch überall haben?

Charlotte. Ich bin erſchrocken, ich kann kein Glied ſtill halten.

Plumper. Ich hab's nicht böſe gemeint. Ich ſah ihn hier in's Haus gehen.

Eveline. Nun ſeyn Sie nur ſtill, und ma-chen Sie's Uebel nicht noch ärger. Jetzt machen Sie, daß Sie fortkommen; und du, Charlotte, komm mit zu deinem Vater hinein, wir wollen ihm bis zur Tiſchzeit etwas vorplaudern.

Die Frauenzimmer ab.

Plumper. Nun weiß ich gerade ſo viel als
vorher; noch weniger als vorher.   Warum ſollt'
ich's denn nicht ſagen, daß Karl drin wär'?
und warum fuhr denn der Alte ſo auf? und wer
nur die Leute hier ſind? und was Eveline hier
macht? und warum Karl ſich ſo aus dem Staube machte, als ob er etwas geſtohlen hätte? —
Dahinter muß ich noch kommen, es mag gehen
wie es will. Aber jetzt will ich mich fortma-
chen, es könnte mich ſonſt wieder einer für einen
Spitzbuben halten, und brav durchſchütteln. In
das verdammte Haus komm' ich in meinem Leben nicht wieder.

ab.

Dritter Aufzug.

Erster Auftritt.

Des alten Herrmanns Wohnung.

Eveline. Der alte Herrmann, der eben nach Hause gekommen ist. Hernach ein Bedienter.

A. Herrmann indem er Hut und Stock ablegt. Nu! ist unter meiner Abwesenheit etwas vorgefallen, Männchen?

Eveline. Ja, der Graf Elfenberg hat da ein Billet geschickt.

Herrmann wirft das Billet weg. Ah — weiß schon — weiß schon — Will Geld haben! — Nichts — nichts. Müßte für die Herren eine eigne Münze haben. Und wenn nur noch Sicherheit wär', so säh' man schon, wie man's machte. Aber so wird nichts gereicht. Wenn er wieder schickt, — bin nicht zu Hause, Männchen — bin nicht zu Hause.

Eveline. Und dann hat der alte Geißbach von Nußdorf herein geschickt: Sie müßten und sollten heute um fünf Uhr draußen seyn.

Herrmann. Ich? heute in Nußdorf?

Eveline. Ja. Es ist glaube ich wegen eines Guts, das Sie letzthin angesehen haben. Er ließ sagen, wenn Sie heute nicht kämen, so könnte aus dem ganzen Handel nichts werden.

Herrmann. Ah — weiß schon, weiß schon. Ist ein schöner Schlag dabey zu machen, ja ja ja, ein schöner Schlag. Freylich heute ein wenig ungelegen. Aber was hilft's!

Eveline in angenommenem schmerzhaften Tone. Also! Sie fahren heute hinaus?

Herrmann. Muß ich nicht? so gerne ich bey meinem Männchen blieb. Aber Geschäfte gehen vor.

Eveline. Jaja, das weiß ich schon. Geschäfte gehen vor, — und —

Herrmann. Mein Männchen kann ja mitfahren. — He?

Eveline für ſich. Ja, darnach ſehnt' ich mich. laut. Nein. Ich habe ohnehin Kopfweh, und ich weiß ſchon, vom Fahren wird's noch ärger.

Herrmann. Bin bald wieder zurück, Männchen, bin bald wieder zurück. Laß einmahl ſehen : eine Stunde heraus, eine herein, eine draußen, iſt drey bis vier Stündchen. So lange kann ſich mein Männchen ſchon ohne mich behelfen. Er klingelt, Bedienter kömmt.

Eveline für ſich. O wohl ſo viele Jahrhunderte.

Herrmann zum Bedienten. Es muß ein Wagen beſtellt werden, nach Nußdorf. Punkt vier Uhr muß er hier ſeyn.

Bedienter ab.

Zweyter Auftritt.

Die Vorigen. Plumper.

Herrmann. Nu? was wollen Sie wieder? Sind die fünfhundert Gulden etwa schon wieder weg? he? sind sie?

Plumper. Nein. Dasmahl will ich kein Geld. — Ich komme wegen ganz etwas andern.

Herrmann. Und das wäre?

Plumper. Gehen Sie einmahl hinaus, Herr Vormund, und lassen Sie mich mit dem schönen Fräulein da ein wenig allein.

Herrmann. Ich hinaus gehen? — aus meinem eigenen Zimmer? — Warum das?

Plumper. Weil ich mit ihr etwas zu reden habe, das Sie nicht wissen dürfen.

Herrmann. Das ich nicht wissen darf? — Ich möchte wohl wissen, was ich nicht wissen dürfte?

Plumper. Das glaub' ich wohl. Sie sollen's aber nicht wissen.

Eveline für sich. Ich stehe wie auf Kohlen. Sollte Willburg wirklich so unbesonnen gewesen seyn, dem Esel einen Auftrag an mich anzuvertrauen?

Sie winkt Plumpern, daß er schweigen soll.

Herrmann. Wissen Sie wohl, junger Herr, daß mein Lenchen für mich gar kein Geheimniß hat? wissen Sie das wohl? je? — Was sie betrifft, kann ich alles wissen, ja ja ja, alles kann ich wissen. Nicht wahr, Männchen?

Plumper. Ey ja doch! wer das glaubte! Und eben winkt sie mir, daß ich nichts sagen soll.

Eveline leise. O du Esel! laut. Wer? ich? ich hätte Ihnen gewinkt? Nicht eingefallen ist mir's. Die Geheimnisse, die Sie an mich haben können, die können Sie meinetwegen auf allen Marktplätzen ausschwatzen. Nur heraus damit. *Für sich.* Der Himmel weiß, wo ich alle die Unverschämtheit hernehme!

Plumper. Nun, wenn Sie's durchaus haben wollen! Das erste, was ich Ihnen zu sagen habe, das sage ich Ihnen bloß für mich, und das ist auch eigentlich kein Geheimniß.

Eveline. Gar eine Vorrede?

Plumper. Geduld! — Geduld! der Text kömmt gleich: Sie haben einen schönen, reichen, allgemein beliebten Kavalier um hundert Dukaten geprellt; und das ist nicht hübsch von Ihnen.

Eveline. Ich habe ihn darum geprellt?

Plumper. Nu! oder prellen helfen, das ist am Ende einerley. Sie ließen Sich doch dazu brauchen.

Herrmann. Ha ha ha! Wenn du diesen schönen, reichen, allgemein beliebten Kavalier siehst, so sag' ihm, Männchen, nur von meinetwegen: wenn er etwa wieder hundert Dukaten zu viel hätte, so ständ' ihm noch eine solche Unterredung zu Dienste.

Plumper. So? ist das die Art, wie man mit honetten Leuten umgeht? Pfui! — Zu Evelinen: ich wollte mich schämen!

Herrmann. Junger Herr! nicht impertinent! Ich rufe sonst jemand, der Ihm den Weg durch's Fenster zeigt. Versteht Er mich?

Plumper. O keine Ungelegenheit! ich will ihn schon über die Treppe finden. Aber ich konnte mir nicht helfen; es mußte heraus, was ich auf dem Herzen habe. Baron Willburg ist mein Freund.

Eveline. So? ist der Narr Ihr Freund? Die schönen Seelen finden sich!

Plumper. Danke für's Kompliment. Ja, er ist mein Freund. Ich habe diesen Morgen im Augarten mit ihm Bekanntschaft gemacht, und da trug er mir auf, Ihnen zu sagen, daß er recht sehr in Sie verliebt wär'; und das ist eigentlich das Geheimniß, das ich Ihnen zu sagen hatte.

Eveline. Ha ha ha! das große Geheimniß! *Für sich.* Hat mir der Bube nun umsonst und um nichts bange gemacht.

Herrmann. Ha ha ha! ein großes Geheimniß! — ein recht geheimes Geheimniß! ha ha ha! Als ob wir das nicht lange alle beyde gewußt hätten. Ha ha ha!

Eveline. Wissen Sie was? weil Sie so geschickt sind, Aufträge auszurichten, so will ich Ihnen auch einen geben; aber den müssen Sie mir pünktlich bestellen. Sagen Sie Ihrem saubern Freund, dem Herrn Baron, von meinetwegen, daß, wofern er sich noch einmahl unterstände, um Punkt halb fünf Uhr beym grünen Gartenthor zu lauern, wie er bisher gethan hat —

Herrmann. Hat er das gethan, Männchen? hat er?

Eveline. Ja freylich, Tag für Tag. — Alſo, wenn er ſich das noch einmahl unterſtände, ſo würde ich unſern Gartenknechten auftragen, ihn auf eine Art wegzuweiſen, die ihm nicht die angenehmſte ſeyn dürfte.

Plumper. Was? Durch die Gartenknechte? Und wohl gar wegprügeln? —

Eveline. O ja, das kann ihm auch widerfahren. Mein guter Name geht mir über alles. Ich weiß, daß ihn Leute beobachtet haben, und daß ſchon manches darüber geſprochen worden iſt. Man kann glauben, ich ſey mit ihm einverſtanden, und ſo ein Narr fehlte mir noch!

Plumper. Nu nu nu! werd's ihm gleich ſagen; er ſoll nicht wieder kommen; ich werde ihn gleich aufſuchen.

Eveline. Ja ja, das thun Sie nur! ſo bald als möglich. Beſonders heute wäre mir's ungelegen, wenn man ihn wieder auf ſeinem Anſtand ſähe, da mein lieber Vormund nicht zu

Hausewst; denn da sähe es doppelt verdächtig aus.

Plumper. Schon gut, schon gut.

ab.

Dritter Auftritt.

Der alte Herrmann. Eveline.

Herrmann hüpfend und in Ertase. O, Lienchen! goldenes Lienchen! Sie sind ein Schatz! ein Engel! eine Krone! eine Perle! O, du mein Gott! mein Gott! ich kann's gar nicht sagen, was Sie alles sind. Ich glücklicher Kerl ich! — Sagen Sie um alles in der Welt, wenn soll die Verlobung seyn?

Eveline verschämt. Wie Sie aber auch in einen dringen!

Sie wendet sich lachend von ihm.

Herrmann. Du kleine liebe Schamhaftigkeit du? Nun, Männchen! wenn soll denn die

Verlobung seyn? was sagt denn das Herzchen? he? —

Eveline. O mein Herz sagt mir seit einiger Zeit wunderliche Dinge.

Herrmann. O errath's schon, was es sagt; ja ja ja, erräth's schon.

Eveline *für sich.* Das wäre mir nicht lieb.

Herrmann. Aber wenn soll die Verlobung seyn? he?

Eveline. Zwey Bedingungen müssen Sie mir vorher eingehen, ehe mache ich mich zu nichts anheischig.

Herrmann. Zwey Bedingungen? — Nu? —

Eveline. Nach meines Vaters Testament darf ich durchaus vor meinem fünfundzwanzigsten Jahre niemand ohne Ihre Einwilligung heirathen. Meine erste Bedingung also ist, daß Sie mir ein Instrument ausfertigen, worin Sie mich dieses Punkts völlig entbinden, und mir freye

F

Macht und Gewalt geben, meine Hand zu geben, wem ich für gut finde.

Herrmann - schmunzelnd. Hm hm hm.

Eveline. Das verlange ich eigentlich bloß um Ihrentwillen. Die Partie zwischen uns beyden könnte vielleicht dem und jenem etwas ungleich und sonderbar scheinen, und Sie könnten dadurch in's Geschrey kommen, als hätten Sie mich dazu gezwungen. Ich will also deswegen freye Hand haben, damit alle Leute wissen, daß die Wahl meines Gatten bloß von mir abhing. Und ich habe Ihnen ja das schon einmahl erklärt.

Herrmann. Wenn nun aber das Instrument schon fertig wäre? he — Die Hände reibend.

Eveline. Schon fertig?

Herrmann. Ja freylich. Ich wollte mein Lienchen damit überraschen. Es liegt noch bey meinem Agenten. Weiß nicht, warum man's nicht schon hergeschickt hat? Fix und fertig; unterschrieben, besiegelt, und gerichtlich konfirmirt; ja ja ja, fix und fertig ist's.

Eveline. Desto besser. Die andere Bedingung betrifft Ihren Sohn.

Herrmann. Nur von dem Schlingel nichts, Männchen! nur davon nichts.

Eveline. Es muß aber durchaus seyn. Sie kennen das Vorurtheil, das man gegen Stiefmütter hat. Die Welt weiß, daß Sie reich sind; sie weiß aber auch, daß Sie Ihren Sohn schlechterdings nicht unterstützen.

Herrmann. Er braucht nichts, Männchen, braucht nichts.

Eveline. Lassen Sie mich ausreden. Man könnte also sehr leicht auf die Gedanken kommen, ich sey es, die Sie gegen Ihren Sohn aufhetzte, und Ihr Sohn könnte es am Ende selbst glauben, und das wärf' auf meinen Charakter einen häßlichen Schatten.

Herrmann. Aber wer kümmert sich denn um das Gerede der Leute?

Eveline. Ich — Ich mag mich durchaus einem solchen Gerede nicht aussetzen.

Herrmann. Nun wissen Sie was? ich will dem Buben ein paar tausend Gulden geben, und damit gut. Will's ihm geben.

Eveline. Ein paar tausend Gulden jährlich?

Herrmann zurückspringend. Jährlich? — Wo denken Sie hin, Männchen! wo denken Sie hin! Ueberhaupt zweytausend Gulden; ja ja ja, überhaupt.

Eveline. Sind Sie klug? — Was soll er denn mit zweytausend Gulden machen?

Herrmann. Nu? — Zu fünf Prozent sind's hundert Gulden jährlich, und hundert Gulden sind nicht zu verwerfen.

Eveline. Sie verschreiben ihm jährlich funfzehnhundert Gulden.

Herrmann. O bewahre! So viel er in tausend Jahren nicht werth. Zweyhundert Gulden höchstens.

Eveline. So wird aus unserm Handel nichts.

Herrmann. Allenfalls drey.

Eveline. Nichts. Nichts.

Herrmann. Aber liebes, goldnes Männchen!

Eveline. Aber lieber goldner Herr Vormund!

Herrmann. Machen wir vier?

Eveline. Nichts.

Herrmann. Auch nicht fünf?

Eveline. Auch nicht.

Herrmann. Aber fünfhundert Gulden iſt doch ein ſchönes Geld, ein ſchönes Geld. Bitte — bitte — fünfhundert Gulden? he?

Eveline. Nicht ſechs, nicht ſieben, nicht tauſend. — Funfzehnhundert Gulden, und davon geht kein Kreuzer ab.

Herrmann mit aufgehobenen Händen. Aber funfzehnhundert Gulden!

Eveline. Ja ja ja, funfzehnhundert Gulden. Man denke doch! — Mich zur Frau zu
bekommen; das wird Ihnen doch jährlich funfzehnhundert Gulden werth seyn? Sie vergessen
wohl, daß ich achtzigtausend Gulden im Vermögen habe? Kurz, ich sage es Ihnen, wenn Sie
diese Verschreibung nicht noch heute Mittag ausstellen, und in meine Hände liefern, daß ich sie
Karln noch heute übergeben kann, so wird nichts
mit uns beyden. Itzt kommen Sie zu Tische.

Herrmann. Nun in's Himmels Namen,
seufzt, es sey darum. Will die Verschreibung
ausstellen, will sie ausstellen, will gleich nach
Tisch zu meinem Agenten laufen, noch ehe ich
nach Nußdorf fahre. Ja ja ja, will gleich hin
laufen, will meinem Männchen zeigen, daß ich
sie recht von Herzen liebe.
                                    Beyde ab.

———————

Vierter Auftritt.

Zimmer in einem Gasthause.

Karl Herrmann und **Baron Willburg** stehen von einem Tische auf, wo sie eben abgespeist haben. Wein auf dem Tische.

Willburg. Ich bitte dich, Karl! sey nicht so traurig. Die ganze Mahlzeit über hast du nicht zehn Worte gesprochen. So kann das Essen unmöglich gedeihen. Komm her. Auf bessere Zeiten. *Er schenkt ein, und giebt ihm ein Glas.*

Karl H. *stößt an.* Auf bessere Zeiten.

Sie trinken.

Willburg. Du sagst das in einem Ton, als wenn du nicht viel Vertrauen hättest, daß sie sich bessern würden. Muth gefaßt! auf Regen folgt Sonnenschein.

Karl H. Die fatale Geschichte von diesem Vormittag im Mlleckschen Hause hat mich ganz düster gemacht. Der verdammte Plumper war wieder an allem Unheil Schuld. Wenn der dem

Alten nicht gesagt hätte, daß ich drin wäre —

Willburg. Aber du weißt, daß er nicht aus Boßheit sündiget.

Karl H. Ey was! Stiftet er deswegen weniger Unheil? Die arme Charlotte wird wieder eine Inquisition von ihrem Vater haben auszustehen gehabt.

Willburg. Hm! — Vielleicht stellst du dir's auch ärger vor, als es ist. Also Evelina war bey ihr? — Was sagte denn das liebe Mädchen?

Kellner tritt ein. Herr von Plumper läßt fragen, ob er herauf kommen dürfte?

Willburg. Ja ja, soll uns lieb seyn. Noch ein Glaß.

                              Kellner ab.

Karl H. Den Hals könnt' ich dem Buben umdrehen! —

Willburg. O pfui! Wer weiß, wozu sein dummer Streich gut war! Wir wollen doch hören, was er bringt.

Fünfter Auftritt.

Die Vorigen. Plumper.

Plumper. Ich wünsche recht wohl ge-
speist zu haben, meine Herren! — Lieber Karl,
dich bitte ich wegen vorhin recht um Verzeihung.
Ich weiß, daß ich ein Esel war.

Reicht ihm die Hand.

Karl H. Nun! um deiner Selbster-
kenntniß willen. Schlägt ein.

Plumper. Aber siehst du, ich kann nichts
dafür. Das kömmt dabey heraus, wenn man
so zurückhaltend gegen seine Freunde ist. Hättest
du mir ein Wörtchen gesagt, daß du in dem Hause
eine Intrigue hast —

Willburg hat indessen eingeschenkt, und reicht
ihm das Glas. Nichts mehr davon. Freund
Plumper! auf bessere Bekanntschaft.

Plumper küßt ihn, und stößt an. Soll Sie
nicht gereuen, lieber Baron! soll Sie meiner
Seele nicht gereuen. Trinkt. Ein guter Kerl

bin ich; aber manchmahl so entsetzlich dumm,
daß ich mich im Augenblick selbst über mich är-
gere.

Willburg. In vino veritas. Aber bringen Sie mir nichts Neues?

Plumper. Ja, apropos. — Eben nicht
viel Tröstliches. Ich war vorhin dorten.

Willburg. Wo — dorten.

Plumper. Je nun, bey meinem Vormund,
und da hab' ich Evelinen tüchtig den Text gelesen.

Willburg. Evelinen den Text gelesen? —
Worüber denn?

Plumper. Je nun — über die hundert
Dukaten, um die Sie geprellt wurden. Ich
kann solche Prellereyen durch den Tod nicht leiden. Bey mir muß alles ehrlich und ordentlich
zugehen. Und da sagte ich ihr denn auch bey der
Gelegenheit, daß Sie mir aufgetragen hätten,
ihr zu sagen, daß Sie verliebt in sie wären.

Karl H. Mein Vater war vermuthlich dabey! —

Plumper. Freylich war er! — Mit Erlaubniß. — Schenkt ein.

Karl H. Das war wieder sehr fein!

Plumper. Je nun! was kann ich davor! Trinkend. Ich sagte ihm, er sollte aus dem Zimmer gehn. Er meinte aber, ich hätte ihm in seinem Hause nichts zu befehlen. Was wollte ich machen?

Willburg. Nun? und was sagte Eveline?

Plumper. O! Sie werden Sich wundern, wenn Sie es hören. Sie trug mir auf, Ihnen zu sagen, wofern Sie Sich noch einmahl unterständen, um Punkt halb fünf Uhr bey dem grünen Gartenthor zu lauern, wie Sie bisher gethan hätten —

Willburg. Bey dem grünen Gartenthor? Leise zu Herrmann. Hat deines Vaters Garten ein grünes Thor?

Karl H. Ja, zu dem Gäßchen hinein, linker Hand.

Willburg. Scharmant! scharmant! — Nun also? — bey dem grünen Gartenthor lauern?

Plumper. Ja. — So wollte sie Sie durch die Gartenknechte wegprügeln lassen. Besonders heute sollten Sie Sich dort nicht sehen lassen, da der Vormund nicht zu Hause ist.

Willburg. Bravo, bravo! — Lieber Herzensjunge! laß dich küssen. Er umarmt ihn. Du hättest mir keine bessere Nachricht bringen können. Schenkt ein. Komm her! — mich zu bedanken — Karl! trink auch mit! — komm her! Das grüne Gartenthor! — Ha, ha ha! —

Karl H. Das grüne Gartenthor! — Nu, Plumper! —

Plumper. Meinetwegen. Das grüne Gartenthor.

Willbürg. Noch einmahl. Das liebe, liebe Gartenthor. — Alſo linker Hand, Karl? — im Gäßchen? — Wahrhaftig, das Mädchen iſt ein Engel.

Plumper. Ey, ein ſchöner Engel, der ſeine Liebhaber durch die Gartenknechte wegprügeln läßt!

Willbürg. Ha ha ha! Komm her, Karl! wir müſſen das grüne Gartenthor noch einmahl trinken.
Sie ſtoßen bebde an.

Plumper. Ich weiß zwar nicht, warum ihr eigentlich lacht? aber weil's denn einmahl eine Lieblingsgeſundheit von euch iſt — das grüne Gartenthor. *Stößt an. Alle lachen und trinken.*

Karl H. Höre, Plumper! du fängſt an, deine Aufträge ſo gut auszurichten, daß ich beynahe Luſt hätte, dir auch einen zu geben.

Plumper. Gieb her! Du ſollſt ſehen, ob ich meine Scharte von dieſem Vormittag nicht auswetze. —

Karl H. Sieh, da ist ein Zettel. *Giebt ihm ein geknüpftes Billet.* Ich wollte es erst durch einen Kellner schicken —

Plumper. Nun? — und es gehört? —

Karl H. In das bewußte Haus, wo du dich diesen Vormittag so pfiffig benahmst.

Plumper. Weiß schon, hier schief über.
Will fort.

Karl H. Sieh nur, wie du wieder bist? — Weißt du denn, wem du ihn giebst?

Plumper *wieder umkehrend.* Nein, das hast du mir ja noch nicht gesagt.

Karl H. Und läuffst doch fort? — Du mußt suchen, daß du das Mädchen zu sehen bekömmst; der giebst du ihn für ihr Fräulein. Du wirst eine Antwort bekommen; die bringst du mir hieher. Mach deine Sache gescheut.

Plumper *im Abgehen.* Sorge nicht.

Willburg. Aber ich begreife nicht, wie du dem Tölpel ein Billet anvertrauen kannst? —

Karl H. O, es ist in Chiffern geschrieben, die nur Charlotte und ich verstehen. Wenn's auch in unrechte Hände kömmt, so hat's nichts zu bedeuten.

Kellner. Da hat eben ein Mensch diesen Schlüssel für Eur Gnaden gebracht; ich soll nur dazu sagen: acht und ein halb.

Karl H. Schon gut', mein Freund! Da ist etwas für seine Mühe. *Kellner ab.* Merkst du etwas, Willburg? —

Willburg. Deiner heitern Physiognomie nach wollte ich wetten, daß das ein Rendevous ist?

Karl H. Getroffen. Das ist der Schlüssel zu einer Hinterthür in ein Kabinet, das an Charlottens Zimmer stößt.

Willburg. Aha — und acht und ein halb bedeutet vermuthlich diesen Abend um halb neun Uhr?

Karl H. Richtig! Auf die Art hätt' ich Plumpern nicht einmahl zu incommodiren ge-

braucht. Aber eben so gut. Mit der Mäkler
sind wir ihn los. Laß uns machen, daß wir
fortkommen, ehe er uns wieder über den Hals
kömmt.   Beyde ab,

————————

Sechster Auftritt.

Zimmer in Miecks Hause.

Wie im achten Auftritte des zweyten Aufzuges.

Plumper tritt herein. Herein wär' ich —
aber wie ich wieder hinaus komme, das weiß der
Himmel! — Wenn sich nur eine sterbliche Seele
sehen ließ! Wo ich das Mädchen auftreibe, der
ich das Billet geben soll? Was nur drin stehen
mag? — Hm! es ist nicht einmahl versiegelt,
und da kann ich's ja wohl lesen; denn was man
nicht will von jedermann lesen lassen, das versiegelt man ja sonsten. Ja ja ja, ich mache es
auf. Hm! — was das für eine kuriose Schrift
ist! — Lauter Zahlen und einzelne Buchstaben,

und Haken. — Da werde der Teufel draus
klug. Hm! daß die Leute ihre Geheimniſſe ſo
ſchreiben, daß ſie nicht jedermann leſen kann!
Indem er's wieder zuſammenknüpft. Nun kann
ich doch wenigſtens beſchwören, daß ich nichts
geleſen habe. *Er guckt durch's Schlüſſelloch.* Da
ſitzt das Frauenzimmer wieder drin, und das
Mädchen iſt bey ihr. Ob ich anklopfe? Nein.
Der Henker! da iſt der Alte auch; und er ſieht
aus, als wäre er im Begriff heraus zu kommen.
— Gehorſamer Diener! — Da mach' ich mich
aus dem Staube! Ich will mich nicht noch einmahl ſchütteln laſſen. — Aber das Billet? Ja —
das werf' ich daher; es kann's ja ohnehin niemand leſen, als der's verſteht.

*Er wirft das Billet auf die Erde, und
läuft ab.*

Siebenter Auftritt.

Mileck, der die Thüre öffnet, indem Plumper durch die Mittelthüre abgeht, so daß er ihn noch sieht.
In der Folge Charlotte und Hannchen.

Mileck. Holla he! junger Herr! Was Teufel! wenn ich recht sehe, so war das der nämliche Mensch, den ich heute schon einmahl hier getroffen habe. Was will denn der Kerl hier? Und da liegt ein Billet auf der Erde. Er hebt es auf und öffnet es. Was ist denn das für eine Spitzbubenschrift? He! — Ihr Mädchen!

Charlotte und Hannchen erscheinen.

Mileck. Was ist das für Wirthschaft, daß die Vorhausthüre nicht verschlossen wird?

Hannchen. Sie war verschlossen, Ihro Gnaden!

Mileck. Wer sagt das? Und eben war ein fremder Mensch da, als ich herein kam; und da lag ein Zettel auf der Erde. Was bedeutet das?

Charlotte zu Hännchen heimlich. Um's Himmels willen, ein Billet von Karl!

Hannchen. Iſt's nicht ein Zettel mit Ziffern, Ihro Gnaden?

Mileck. Ja, mit Ziffern, Mamſell! —

Hannchen. Ach ich weiß es ſchon. Es ſind Lotto-Nummern für die nächſte Ziehung. Ich habe ſie verloren. Haben Sie die Gnade und geben Sie mir den Zettel, denn morgen iſt das letzte Setzen.

Mileck. Lotto-Nummern? Sieh doch! — Seit wenn macht man zwiſchen die Lotto-Nummern Buchſtaben, und Kreuze, und Fragzeichen, und Komma's? He?

Hannchen leiſe zu Charlotten. Mit der Lüge wär's nichts. Laut. Sollt' ich etwa gar? Sie fühlt in ihr Halstuch. Ja wahrhaftig; es iſt der Zettel, den mir vor zwey Jahren einmahl ein

Jäger für das Zahnweh gab. Ich mußte ihn immer an einer seidenen Schnur um den Hals' tragen. Der Himmel weiß, wie ich ihn muß verloren haben. Sehen Sie, gnädiger Herr, es stehen Charaktere darauf, die kein Guckuck lesen kann; aber ich versichere Ihnen, gegen die Flüsse ist so ein Zettel recht gut; mir wenigstens hat kein Finger weh gethan, so lang' ich ihn getragen habe. Haben Sie die Gnade, und geben Sie mir ihn wieder.

Sie nimmt ihn und steckt ihn ein.

Mileck mit dem Kopf schüttelnd. Höre Hannchen, ich will einmahl thun, als glaubte ich dir; aber wo ich finde, daß etwas anders dahinter steckt, so könnt ihr alle beyde euch sicher und heilig darauf verlassen, daß ich euch Schmerzen machen werde, gegen die euch kein Zettel in der Welt helfen soll; und wenn der erste Hexenmeister in der Welt Charaktere darauf gemahlt hätte. Itzt marsch in euer Zimmer.

Alle ab.

Vierter Aufzug.

Erſter Auftritt.

Des alten Herrmanns Wohnung.

Eveline allein.

Nun will ich doch einmahl mit der Närrin,
die Eveline heißt, ein vernünftiges Wort allein
ſprechen. Ich habe alſo Gelegenheit gefunden,
mit dem einzigen Mann nach meinem Herzen,
dem einzigen, nach dem ich nun ſchon ſieben
ganze Monate ſchmachte, zuſammen zu kommen.
Ich habe gefunden, daß er der Vorſtellung, die
ich mir von ihm gemacht habe, ganz vollkommen entſpricht; daß er, wenn es möglich iſt, ſie
noch übertrifft; habe auch gefunden, daß er nicht
gleichgültig gegen mich iſt, daß er mich liebt. —
Würde er wohl ſonſt für eine Zuſammenkunſt
von zehn Minuten hundert Dukaten hingegeben
haben? O er meint's ganz gewiß aufrichtig mit
mir. Nun! — und das Ende vom Liede? —

Je nun! — das wird seyn, wie das Ende aller
Komödien, und aller Romane: Eine Heirath.
Hm! hm! hm! — Pause. Wir Mädchen sind
doch wahrhaftig recht närrische Geschöpfe. Wir
können das Grimassiren auch sogar nicht lassen,
wenn wir allein sind. Da möchte ich mir nun
gerne selbst weiß machen, daß ich mich vor dem
Heirathen fürchte; und im Grunde geht mir's
doch wie allen Töchtern Evens; im Grunde
möchte ich doch gern unter die Haube. Und wenn
ich mir's recht überlege: sie zeigt links, auf dieser Seite einen alten, faden, ekelhaften Gecken,
der mich mit seiner abgeschmackten Liebe plagt,
und mich wenigstens noch fünf Jahre in einer
Art von unerträglichen Sklaverey halten wird.
Rechts zeigend, und da — einen liebenswürdigen,
reichen, braven Mann. — Brav ist er, das
Zeugniß giebt ihm die ganze Stadt — Einen
Mann, der mich liebt; den ich liebe. Nein,
Eveline! gescheuter, du hältst dich rechts. Aber
wo er nur bleibt? schon drey Viertel auf fünf

Uhr! Wenn ihn Plumper etwa nicht gefunden hätte? das wär' doch ärgerlich. Nein — da kommt etwas.

Zweyter Auftritt.

Eveline und Baron Willburg,
dem Liedchen die Thüre öffnet, aber gleich wieder abgeht.

Willburg. Mein Fräulein! habe ich den Wink recht verstanden, den Sie mir durch Plumpern geben ließen?

Eveline. Vollkommen, Herr Baron! Ich muß Sie doch für die Kosten der heutigen Zusammenkunft einigermaßen schadlos halten. Jetzt darf ich reden. Aber ich fürchte, ich fürchte, ich verderbe damit alles wieder bey Ihnen, was ich vielleicht gut machte, so lang' ich stumm blieb.

Willburg. Das dürfen Sie nicht befürchten, mein Fräulein! Freylich Ihr Gesicht ist so geistvoll, daß es jedem andern Verstande als dem Ihrigen sehr viel Mühe kosten würde, es Lügen zu strafen.

Eveline. Ich weiß in der That nicht, ob mein Gesicht oder mein Verstand mehr Ursache hat, sich bey Ihnen für dieses Kompliment zu bedanken.

Willburg der schon vorher auf ihre Stimme aufmerksam war, und während der zweyten Rede noch aufmerksamer wurde. Täuschen mich meine Ohren? — oder — Es kann nicht anders seyn: dieselbe Sprache — dieselben Augen.

Eveline. Worüber staunen Sie denn so, Herr Baron?

Sie lächelt.

Willburg. Sollte ich wirklich so glücklich seyn, in Ihnen jene geistvolle Maske wieder zu finden, mit der ich am letzten Faschingdienstag eine der schönsten Stunden meines Lebens zubrachte?

Eveline. Ob ich jene geiſtvolle Maske bin, das weiß ich nicht; aber die Maske in ſchwarz und roth bin ich, die das Vergnügen hatte, ſich mit Ihnen zu unterhalten.

Willburg. Wie glücklich bin ich! — Wie habe ich Sie ſeit dem geſucht, und immer verge= bens! Aber böſes Mädchen! warum ließen Sie ſich nicht erbitten, die Maske abzunehmen? Bey dieſem Geſicht hätten Sie wahrlich nichts ge= wagt.

Eveline. Kaprice, lieber Baron! — Glauben Sie nicht, daß ich die weibliche Gri= maſſe ſo weit treibe, nichts davon wiſſen zu wollen, daß mein Geſicht nicht gerade unter die häßlichſten gehört. Aber ich wollte bey unſrer erſten Zuſammenkunft meinem Lärvchen durch= aus nichts zu verdanken haben; wollte lieber ſe= hen, wie weit es mein bißchen Mutterwitz bey Ihnen brächte; und ich geſtehe Ihnen gern, daß ich mich innigſt freute, als ich merkte, daß mein Verſuch nicht ganz unglücklich ablief.

Willburg. Das war er wirklich nicht. Ihr Verstand und Witz thaten einen so entscheidenden Anfall auf mich, daß es wirklich kaum noch Ihrer körperlichen Reize bedurfte, Ihnen den vollkommensten Sieg über mich zu verschaffen. Ich bin also Ihr Gefangener, und ergebe mich Ihnen auf Diskrezion.

Eveline. Und was wollen Sie, daß ich aus meinem Gefangnen machen soll?

Willburg. Einen Ehemann, schöne Eveline!

Eveline. Baron, Baron! Nehmen Sie Sich in Acht, daß ich Sie nicht beym Wort halte. Ueber gewisse Dinge ist mit mir nicht zu spaßen.

Willburg. Machen Sie Ernst daraus. Thun Sie es auf meine Gefahr.

Eveline. Vielleicht auch ein wenig auf die meinige mit?

Willburg *ergreift ihre Hand.* Ich nehme diese liebenswürdige Hand da, und mit meinem Leben nur soll man sie mir entreißen.

Eveline. Gott bewahre! — Ich kann kein Blut sehen; ich muß sie Ihnen also wohl lassen.

Dritter Auftritt.

Die Vorigen. Lieschen *kömmt hereingestürzt.*

Lieschen. Der Herr kömmt wieder. Der Wagen hält eben unten.

Eveline. Was will denn der? — Um Gottes willen! wenn der Sie hier trifft, so ist mein ganzer Plan verrückt.

Willburg. Kann ich mich nirgends verstecken? kann ich nicht da hinein? *Auf die Seitenthüre zeigend.*

Lieschen. Nein. Das ist des Herrn Zimmer. Er möchte da drinnen etwas zu thun haben. Lieber da — da hier hinein — in den Kamin. Geschwinde. Er wird sich doch nicht so lange aufhalten.

Willburg kriecht in den Kamin. Lieschen versetzt die Thür. Eveline nimmt ein Buch.

Vierter Auftritt.

Die Vorigen. Der alte Herrmann und Plumper.

Eveline *stellt sich verwundert.* Je! — was der tausend! wollen Sie denn wieder? — Wußt' ich doch nicht, wer käme? Dacht' ich, Sie wären schon bald nach Nußdorf.

Herrmann. Wär's auch, Männchen! wär's auch gewiß; aber war erst bey meinem Agenten, um die bewußten Sachen vollends in

Ordnung zu bringen! und eben da ich herunter
komme, und wieder in den Wagen ſteigen will,
attrapirt mich der Quälgeiſt da, und nöthigt mich
wegen einer verwünſchten Quittung wieder um,
zukehren. *Schließt ein Pult auf, und nimmt ein
Papier heraus.*

Plumper. Ja, ich kann nichts davor,
Herr Vormund! Man hat ſchon wenigſtens
ſechsmahl darnach geſchickt.

Evelin e *für ſich.* Dacht' ich's doch, daß
der Ruheſtöhrer wieder daran Schuld wäre!

Herrmann *giebt Plumpern das Papier.* Da
haben Sie den Bettel. Nun will ich machen,
daß ich fortkomme! komme ſonſt heute nicht hin,
aus. Adieu, Männchen! adieu! — Ach! —
habe da heut Mittag, *wieder umkehrend,* ein Fläſch,
chen Ungarſchen in den Kamin geſetzt; will ihn
doch mitnehmen. Der alte Grießbach trinkt
gerne was Gut's; und vielleicht geht mein Han,
del um deſto beſſer. Wer gut ſchmiert, der gut
fährt. Ha ha ha!

Eveline und Lieschen haben einander während dieser Rede mit der größten Verlegenheit angesehen. Indem der alte Herrmann auf den Kamin zugeht, springt Eveline voller Angst zu, und stellt sich ihm in den Weg. Machen Sie nicht auf! — machen Sie den Kamin nicht auf, lieber Herr Vormund!

Herrmann. Warum denn nicht, Männchen? — warum denn nicht?

Eveline stockend. Sehen Sie! ach — ich habe —

Lieschen einfallend. Ja, das Fräulein hat —
Stockt auch.

Herrmann. Nun! — was hat sie denn?

Eveline. Wenn Sie nicht böse werden wollen, lieber Herr Vormund, so will ich's Ihnen wohl sagen.

Herrmann. Warum denn böse, Männchen? — warum denn böse?

Eveline. Sie waren kaum weg, so kam ein Mann, der ein wunderschönes Eichhörnchen zu verkaufen hatte.

Herrmann. Nun? und das haben Sie gekauft?

Eveline. Werden Sie nur nicht böſe! — Ich weiß, daß Sie keine Eichhörnchen leiden können.

Herrmann. Ach! wenn es weiter nichts iſt! Was meinem Lienchen gefällt, kann ich auch leiden.

Eveline. Es ſoll Ihnen auch gar nicht zur Laſt fallen. Ich nehme es zu mir.

Plumper. Und das Eichhörnchen ſteckt da im Kamin?

Eveline. Ja, wir haben's indeſſen da hinein geſteckt, weil ich noch keine Kette dazu habe; aber ich habe jetzt ſchon eine beſtellt.

Lieschen. Ja, und eine recht ſchöne Kette.

Plumper. O das muß ich ſehen.

Will zum Kamin,

Plumper. Aber, wenn ich nun dafür stehe?

Herrmann. Wenn zehnmahl! Lienchen will's nicht haben, ich will's nicht haben, und damit punktum. Lassen Sie meinem Lienchen ihr Eich-hörnchen ungehudelt! Seh' mir einer den Men-schen an!

Eveline. In allem muß er seine Nase haben.

Herrmann. Ja, alles beschnarchen. Das gewöhnen Sie Sich ab, Männchen! gewöhnen Sie Sich's ab; steht nicht gut, wenn eine Manns-person so neugierig ist. Jetzt will ich fort. Adieu Lienchen! — adieu. Lassen Sie Sich die Zeit nicht lang werden. *Er geht. Wieder umkehrend.* Apro-pos, können zum Agenten schicken, und die be-wußten Schriften abholen lassen. Ist alles fertig — alles. Und morgen? ha ha ha! — nicht wahr morgen? Sie wissen doch noch, was Sie mir versprochen haben? *Geheimnißvoll.* Die Verlobung.

Willburg. Sind Sie besessen? In's Teufels Namen! — ich bin's ja. Da kömmt der Alte zurück. Sagen Sie, das Eichhörnchen sey zum Fenster hinaus.

Er springt durch eine Seitenthüre ab.

Sechster Auftritt.

Plumper. Der alte Herrmann, Eveline und Lieschen,
welche zurück kommen.

Herrmann. Was giebt's denn? Was schreyt's denn?

Plumper. Dada — das Eichhörnchen —

Herrmann. Nun da hat er's doch nicht lassen können, hat doch müssen hinein gucken. Das ist wahr! — Und wo ist's denn?

Plumper. Zum Fenster hinaus.

Plumper. Aber wenn man ein Eichhörnchen sucht, und einen Baron findet?

———

Achter Auftritt.

Die Vorigen. Eveline. Lieschen.

Eveline. Da haben Sie Sich wieder einmahl schön aufgeführt, Herr von Plumper! Ich
bin erschrocken, daß ich am ganzen Leibe zittre.
Wirft sich auf einen Stuhl.

Willburg. Geschwind Hirschhorn!

Eveline. Lassen Sie nur. Es wird schon
vorübergehen.

Plumper. Aber wer Teufel konnte auch
glauben, daß der Baron im Kamin stecken würde? und besonders nach der Bothschaft, die Sie
mir vorhin an ihn aufgetragen haben? Ach der
Guckuck! jetzt fällt mir's erst ein; das war wohl
das gewisse grüne Gartenthor? — Sich vor die

Stirn schlagend. Daß ich auch so ein Esel war,
und das nicht gleich merkte! Ha ha ha! Armer
Baron! die Gartenknechte haben Ihnen wohl
recht stark zugesetzt? Ha ha ha!

Willburg der indessen mit Ebelinen sprach.
Kommen Sie hinunter in den Garten, die freye
Luft wird Ihnen gut thun.

Ab mit ihr.

Plumper allein. Nun das ist wahr, aus
den Weibern werde der Henker klug! Ich glaube,
auch der gescheuteste ist ihnen nicht gescheut genug. »Er soll sich nicht mehr unterstehen, um
halb fünf Uhr am grünen Gartenthor zu lauern,«
das heißt gerade so viel, als, er soll um halb fünf
Uhr zu mir kommen, ich bin allein. Und, »ich
habe mir ein Eichhörnchen gekauft,« heißt so viel
als, mein Liebhaber steckt im Kamin. Wer die
Sprache versteht, den will ich loben. Plumper! Plumper! nimm dich vor den Mädchen
in Acht! Du verheirathet? — Gehorsamer
Diener! Du mit deiner Treuherzigkeit, du

würdeſt ſchön ankommen! Sackerlot! es iſt mir ſchon, als ſähe ich die Eichhörnchen in allen Ecken, in allen Winkeln ſitzen.

Fünfter Aufzug.

Erster Auftritt.

In Milecks Hause.

Charlottens Zimmer.

Lichter auf dem Tische.

Charlotte. Hannchen.

Charlotte.

Du haſt doch die Hinterthüre aufgeriegelt, Hannchen? denn ſonſt hülf' Karln der Schlüſſel nichts.

Hannchen. Freylich habe ich das; wenn nur der Herr erſt fort wäre!

Charlotte. Wie? — Mein Vater iſt noch nicht fort?

Hannchen. Je nein. Noch immer ſpukt er drüben in ſeinem Zimmer herum.

Charlotte. Und wie viel Uhr iſt's?

Hannchen. Gar nicht mehr weit von halb neun Uhr.

Charlotte. Mein Gott! es wird mir ganz angst. Hannchen! Hannchen! das geht sicherlich nicht gut.

Hannchen. Ach, lassen Sie Sich nicht bange seyn! es wird sich alles geben. Er muß doch einmahl ausgehen.

Charlotte. Hannchen! geh! ich bitte dich! — riegle die Hinterthür wieder zu.

Hannchen. Alsdann kann ja aber der junge Herr von Herrmann nicht herein.

Charlotte. Mag's doch! Ich will lieber das Vergnügen entbehren, ihn bey mir zu sehen, als die Angst ausstehn.

Hannchen. Ach', das sind Grillen! — Wagen gewinnt.

Charlotte. Ich sage dir! mir ahndet was.

Zweyter Auftritt.

Die Vorigen. Mileck im Schlafrock.
Hinter ihm ein Bedienter
mit Tischzeug.

Charlotte ängstlich. Wie, mein Vater? Sie sind ausgezogen? Ich glaubte, Sie speisten diesen Abend beym Rittmeister?

Mileck zum Bedienten. Nur da gedeckt! — Zu Charlotten. Nein, meine Tochter, ich habe mich anders besonnen. Ich werde zu Hause speisen.

Charlotte leise zu Hannchen. Nun! — siehst du?

Hannchen leise. Freylich sehe ich. War- ten Sie nur, ich will mir schon einen Vorwand aussinnen, wie ich in das Kabinet komme.

Mileck. Nur das Essen herein.

Bedienter ab.

Charlotte. Wie kömmt es denn, daß Sie heute Abend hier in meinem Zimmer spei- sen?

Mileck. Wie es kommt? — Bloß um deine angenehme Gesellschaft zu genießen, mein Kind!

Charlotte sucht ihre Verlegenheit zu verbergen. Hm! die hätten Sie ja drüben im Tafelzimmer auch haben können.

Bedienter bringt's Essen.

Mileck. Ist's gefällig? —

Er setzt sich, und ißt.

Charlotte. Ich danke recht sehr. In der That, mein Vater! ich könnte keinen Bissen essen; mein Kopf thut mir weh. Sie winkt Hannchen.

Hannchen geht nach der Kabinetsthür.

Mileck. Was willst du da im Kabinet?

Hannchen. Ich will — ich — will die Fenster zumachen. Die Luft möchte Ihnen zu sehr ziehen.

Mileck. O nein. Laß du's nur. Jetzt in den warmen Abenden kann man die Luft recht gut vertragen.

Charlotte leise zu Hannchen. Ich bin verrathen.

Hannchen leise. Nun! — das wird eine schöne Pastete werden.

Mileck. Weißt du was? Weil du nicht essen willst, so spiele mir meine Lieblingssonate.

Charlotte leise. O mein Gott — Laut. Ich weiß nicht, ob ich werde spielen können, mein Vater! Das Pianoforte ist erschrecklich verstimmt.

Mileck. Was? Der Stimmer war ja erst gestern da.

Charlotte setzt sich zum Klavier. Welche meinen Sie denn, mein Vater?

Mileck. Ich weiß nicht, wo du heute einmahl deinen Kopf hast? — Die von Mozart, die ich so gerne höre. Du hast mir sie ja hundertmahl vorgespielt.

Charlotte macht einige Gänge auf dem Pianoforte, oder kann auch nach Gutbefinden einen kleinen

Satz aus einer Sonate ſpielen. Nach demſelben öffnet ſich auf einmahl die Thür des Kabinets, und Karl Herrmann erſcheint, fährt aber gleich wieder zurück, ſo wie er den Alten erblickt. Dieſer ſitzt am Tiſche mit dem Geſicht gerade gegen die Kabinetsthür, und ſtarrt mit weiten, offenen Augen darauf hin, ſo wie Karl es ſcheint.

Hannchen ſchreyend. Ein Geiſt! Ein Geiſt! —

Mileck aufſpringend. Der Fleiſch und Blut hat, das will ich wetten.

Springt Karln nach ins Kabinet.

Charlotte. Gott! — wie wird mir's ergehen?

⸻

Dritter Auftritt.

Die Vorigen. Mileck bringt Karln aus dem Kabinet.

Mileck. Nur heraus, Herr Geiſt! ob Sie gleich das Licht ſcheuen. Er ſtellt Karln Charlotten gegenüber. — Eine ſtumme Pauſe. Lottchen! In wehmüthigem Tone. Lottchen! habe ich das um dich verdient? — Pfui, schäme dich, mich so zu hintergehen! —

Charlotte umfaßt seine Hand. Mein Vater! — Sie kann vor Thränen nicht weiter reden.

Mileck. Und Sie? mein Herr! mit Ihnen hätte ich es eigentlich zu thun. Sie mißbrauchen die Leichtgläubigkeit eines albernen schwachen Mädchens? Schickt sich das für einen Mann von Ehre?

Karl H. Herr von Mileck! ich will nicht hoffen, daß Sie irgend ein Mißtrauen in meine Redlichkeit setzen. Sie können sicherlich glauben, daß zwischen Ihrer liebenswürdigen Tochter und mir nichts vorgefallen ist, das nicht mit den strengsten Begriffen von Ehre und Wohlstand bestehen könnte?

Mileck. Wenn ich das Gegentheil auch mir argwöhnen könnte, glauben Sie wohl, daß ich noch ein Wort verlieren würde? Nein. Dann wäre meine Tochter auf ewig von mei-

nem Herzen losgeriſſen. Ich habe Ihnen ſchon
geſtern meine Meinung erklärt. Gegen Ihre
Perſon habe ich gar nichts, und wenn Sie im
Stande wären, meine Tochter zu ernähren, ich
würde ſie Ihnen mit Freuden geben. Aber
Sie haben nichts; wenigſtens ſo lange Ihr Vater lebt; denn noch macht er keine Anſtalt, Sie
zu unterſtützen. Meiner Tochter kann ich nichts
geben. Alſo! — was ſoll bey dem heimlichen
Zuſammenkriechen und den verſtohlenen Zuſam-
menkünften heraus kommen?

———

Vierter Auftritt.

Die Vorigen. Eveline. Willburg.

Eveline zu Willburg im Hereintreten. Da iſt
doch Karl; Sie hatten alſo doch Recht.

Willburg. O ich kenne meine Leute.

Eveline zu Charlotten. Das iſt ein ſpäter
Beſuch; nicht wahr, meine Liebe? Aber dafür

J

soll er desto länger dauern. Ich habe gleich mein Nachtzeug mitgebracht, und du mußt mich diese Nacht bey dir behalten.

Charlotte. O, meine Freundin! hilf mir meinen Vater besänftigen!

Eveline. Deinen Vater? — Ist er böse auf dich? Aha! — fast kann ich's errathen. Gewiß hat er dich mit deinem Liebhaber über= fallen. Ja, du Aeffchen du! wer kann helfen? Da habe ich meine Sache klüger gemacht. Uns hat mein Vormund nicht erwischt; nicht wahr, Willburg?

Charlotte. Wie du über meine traurige Lage noch scherzen kannst!

Eveline. Du armes Kind! bist wohl in einer recht verzweiflungsvollen Situazion! — Warte, vielleicht habe ich, eine Herzstärkung für dich. Herr von Mileck! haben Sie etwas ge= gen Karln?

Mileck. Nicht das geringste, mein Fräu= lein! — im Gegentheil —

Eveline. Sie würden ihm also Ihre Tochter geben, wenn er ihr ein anständiges Auskommen anbiethen könnte?

Mileck. Von Grund des Herzens.

Eveline zieht ein Papier aus der Tasche. Da, hier, Karl! — Nein, warten Sie! — So! — das hier, geht Sie an. Da — halten Sie den Herrn von Mileck beym Worte.

Karl H. indem er einen Blick auf das Papier geworfen. Was sehe ich? Er küßt ihr die Hand. O, Eveline! Sie sind ein wahrer Engel.

Eveline. Hm! Ihr Vater wird mich kaum dafür halten. Wenigstens zählt er mich gewiß unter die von der schwarzen Façon.

Karl H. Hier, Herr von Mileck! lesen Sie! — Charlotte! wir werden doch noch glücklich.

Mileck. Ich erstaune. Funfzehnhundert Gulden jährlich? Wie in aller Welt ist das dem alten geizigen Herrmann eingefallen?

Eveline. Alles die Zauberkraft meiner Reize. *Sie nimmt Charlottens Hand.* Also! soll ich mein angefangnes Werk vollenden?

Sie giebt sie Karln.

Mileck. Nimm meinen besten Segen.

Eveline. Aber im Ernst Leutchen, ihr müßt mich diese Nacht bey euch behalten; denn in meines Vormunds Haus setze ich keinen Fuß wieder.

Willburg *ihre Hand fassend.* Und mit meinem Willen sollen Sie auch nicht lange in diesem hier bleiben.

Mileck. So? Kann man hier auch etwa seine Gratulazion anbringen?

Eveline. Ja. Es wird wohl beynahe nicht anders werden.

Mileck. Nun, das freut mich, Fräulein! freut mich von Herzen. Sie bekommen einen rechtschaffenen Mann.

Letzter Auftritt.

Die Vorigen.   Der alte Herrmann
und Plumper.

Plumper. Nun sehen Sie, daß sie hier
sind. Wer hat nun Recht? Ja, vor mir
bleibt nichts verborgen.

Herrmann. Je sieh doch! sieh doch! Ich
komme nach Hause, und freue mich wie ein Kind
auf mein Männchen, und siehe da! ist das Vö-
gelchen ausgeflogen, ja ja ja! ausgeflogen. Zu
Willeck. Guten Abend, Alter! — Zu Willburg.
Ah! — und Sie auch hier, Herr Baron?

Willburg. Ja, mit Ihrer Erlaubniß.
Das geht noch auf die hundert Dukaten.

Herrmann. Ha ha ha! Das war ein
Spaß mit den hundert Dukaten.

Karl H. Mein Vater, erlauben Sie mir,
daß ich Ihnen für das Geschenk, das Sie mir
durch das Fräulein haben übergeben lassen, meinen innigsten Dank abstatte.

Herrmann zu Evelinen. Ah! haben Sie die Papiere vom Agenten abholen lassen? Schon recht, Männchen; schon recht. Hier beym Fräulein mußt du dich bedanken; die hat dir's eigentlich ausgewirkt.

Mileck. Und sind Sie's zufrieden, daß Charlotte Ihre Schwiegertochter wird?

Herrmann. Meinetwegen kann er des Großmoguls Tochter heirathen. Zu Evelinen. Haben Sie das andere Papier auch?

Eveline. Ja. Hier ist es. Ich gebe es Ihnen in Verwahrung, Herr von Mileck! — Kraft dieses Instruments giebt mir mein Herr Vormund, eines gewissen Punkts in meines Vaters Testament unerachtet, freye Hand, mir einen Gatten nach meinem Geschmack zu wählen; ohne daß ich erst seine Einwilligung zu haben brauche. Ich mache also hiermit von dieser Erlaubniß Gebrauch, und wähle —

Sie sieht sich nach Wilburg um.

Herrmann drängt sich zu ihr, und hält seine Hand auf. Hier, Männchen! hier.

Eveline greift nach Wiasburg. — Und wähle
den Herrn Baron.

Herrmann. Wa — wa — was? Ach,
Männchen! das ist Ihr Scherz. — Gehen
Sie doch — gehen Sie doch.

Plumper. Nein, nein. Es ist auf's Wort
ihr Ernst. Aber heute, als sie sagte, sie hätte
ein Eichhörnchen gekauft, das war ihr Scherz;
denn es war der Baron, der im Kamin stak.

Herrmann. O ich ruinirter, betrogner
Mann ich! Auf seinen Sohn zu. Meine Verschreibung zurück.

Willburg tritt dazwischen. Was geschrieben
ist, ist geschrieben. Wenn Sie Umstände machen, wird man andere Mittel brauchen. Verstehen Sie mich?

Herrmann. So ist denn eine ganze Bande
gegen mich verschworen? Aber ich weiß, was ich
mache. Ich will dir schon einen Possen thun,
Bürschchen! warte nur! Auf's Pflichttheil setze
ich dich, und heirathe das jüngste Mädchen.

Plümper. Herr Vormund! da lassen Sie
nur die Kamine hübsch zumauern. Es ist wegen der Eichhörnchen, und es könnte hernach
etwa gar ein Eichhorn draus werden. — Herrmann läuft brummend ab. Ha ha ha wie er läuft!
Nur möcht' ich schon wissen, wo er hingeht! —
Er will nach, kehrt aber wieder um. Aber erst möcht'
ich noch etwas wissen, was mir noch weit mehr
am Herzen liegt: was die Herrn und Damen da
zu der Geschichte sagen?

Er bleibt in horchender Stellung gegen das
Parterre stehen.

Der Vorhang fällt.

Die unvermuthete Wendung.

Ein Lustspiel

in vier Aufzügen.

Von

J. F. Jünger.

Leipzig,

bey Georg Joachim Göschen,

1793.

Perſonen.

Graf Mittelburg.

Die Gräfin, ſeine Gemahlin.

Komteſſe Luiſe, ſeine Tochter.

Hauptmann Mittelburg, ſein Sohn.

Baron Flatterbach.

Die Baronin, ſeine Gemahlin, Nichte des

Baron Schneckenburg.

Frau von Palmer, eine junge reiche Wittwe.

Fanny Meyenbach, ihre Schweſter.

Mädchen der Frau von Palmer.

Bedienter des Grafen Mittelburg.

Bedienter des Baron Flatterbach.

Die Scene iſt theils in Graf Mittelburgs,
theils in der Frau von Palmer Hauſe.

Erſter Aufzug.

Erſter Auftritt.

Graf Mittelburgs Zimmer.

Graf Mittelburg ſitzt mit einem Buche in der Hand. Die Gräfin eintretend.

Graf, indem er das Buch verdrießlich wegwirft.

Mein Gott, kann man denn keinen Augenblick Ruhe haben?

Gräfin liebreich. Ich ſtöre dich doch nicht, Kind?

Graf. Aufrichtig geſagt — ja, Madam — Sie ſtören mich in einer Unterhaltung mit einem Geſellſchafter, auf das Buch zeigend, der mir wenigſtens nicht alle Augenblicke widerſpricht.

Gräfin ſcherzhaft. Hm! Gegen einen ſolchen möchte nun wohl meine Geſellſchaft ein wenig abſtechen.

Graf. Das glaub' ich selbst. — Aber darf ich fragen, was Sie zu mir führt?

Gräfin. Das Wohl unsrer Luise. Ihr plötzlicher Entschluß, sie mit dem Baron Schnekkenburg zu verheirathen —

- Graf. Fangen Sie die alte Litaney schon wieder an? Daß man euch Weibern nie etwas recht machen kann!

Gräfin. Aber bedenken Sie, liebster Gemahl —

Graf. Aber bedenken Sie, liebste Gemahlin, daß ich keinen Widerspruch leiden kann. Ich weiß alles, was Sie mir sagen können. Ich weiß es so gut als Sie, daß der Baron Schneckenburg ein unausstehlicher Phantast, ein abgeschmackter Narr ist; aber er hat ein ungeheures Vermögen, er will meine Tochter ohne alle Mitgift heirathen; und daß ich ihr nichts mitgeben kann, daß ich verschuldet, daß ich zu Grunde gerichtet bin, das wissen Sie, das hab' ich Ihnen noch gestern erst gesagt, und also —

Gräfin. Aber, mein Kind, wenn die Heirath unſers Sohns, des Hauptmanns, mit der reichem Wittwe Palmer zu Stande kömmt —

Graf. O wenn das Vermögen der Wittwe in unſere Familie kömmt, ſo werde ich es ſchon zu nöthigern Dingen anwenden, als unſerer Tochter einen Mann zu kaufen! Außerdem iſt dieſe Heirath bis jetzt nur ein Projekt von mir; ich habe noch nicht mit dem Hauptmann davon geſprochen. Die Wittwe iſt zwar noch jung und hübſch; aber es iſt demungeachtet noch immer die Frage, ob ſie ihm anſteht? und Sie werden mir doch erlauben, den Geſchmack meines Sohns wenigſtens eben ſo ſehr in Anſchlag zu bringen, als den Geſchmack meiner Tochter?

Gräfin. Aber ihr einen Mann aufdringen wollen, den ſie haßt —

Graf. Und hat ſie Ihnen denn ſchon geſagt, daß ſie ihn haßt?

Gräfin. Warum zeigte ſie denn ſonſt ſo vielen Abſcheu gegen dieſe Verbindung?

Graf. Vielleicht hat sich schon jemand anders in ihr Herzchen eingeschlichen.

Gräfin. Die Wahrheit zu sagen, ich vermuthe —

Graf. Nun, Ihnen, als ihrer Vertrauten, wird sie doch kein Geheimniß daraus gemacht haben?

Gräfin. Ich habe ihr eine Art von Geständniß abgelockt —

Graf. Eine Art von Geständniß? Wie Sie die Worte wägen! Und was hat sie Ihnen denn durch diese Art von Geständniß gestanden? Wer ist denn der glückliche Sterbliche?

Gräfin. Der junge Schneckenburg, des Barons Neffe, der jetzt auf Reisen ist, und den man in einigen Wochen zurück erwartet.

Graf. Allerliebst! das würde eine saubere Wirthschaft werden. Er hat nichts, und sie hat nichts, und in einigen Jahren wär' ich Großpapa von der niedlichsten kleinen Bettlerfamilie im Lande.

Gräfin. Aber mein Schatz, da der Baron auf ſeine eigenen Koſten den jungen Menſchen auf Reiſen geſchickt hat, ſo ſcheint es doch, als wolle er etwas für ihn thun. Ueberdies iſt er ja auch der einzige Erbe, wenn der Baron ohne Kinder ſterben ſollte.

Graf. Wie Sie ſo ſonderbar reden können! Sie bilden Sich alſo ein, der Baron wird ledig bleiben, wenn wir ihm Luiſen abſchlagen? Er iſt noch in ſeinen beſten Jahren, und, unter uns geſagt, ein viel zu großer Narr, um nicht zu heirathen. Sie wiſſen ja, wie emſig er der Frau von Palmer den Hof gemacht hat; und bloß die nicht gar zu ſchmeichelhafte Art, mit der ſie ihn ſeit einiger Zeit behandelte, machte ihn ſchlüſſig, ihr zum Trotz das erſte beſte Mädchen zu heirathen, das er fände. Die Wahl iſt auf Luiſen gefallen, und wenn er ſie nicht bekommt, ſo geht er um ein Haus weiter. Da er nichts als Geburt und Erziehung verlangt, ſo findet er Mädchen die Menge. Nein, nein, ich will das Eiſen ſchmieden, weil es warm iſt!

Gräfin. Und Ihre Tochter unglücklich machen!

Graf. Unglücklich?

Gräfin. Sobald weder Liebe noch Achtung da ist? — Haben wir nicht hier im Hause das lebendige redende Beyspiel am Baron Flatterbach und seiner Gemahlin? Sind sie nicht ein unglückliches Paar?

Graf. Ihr Exempel paßt nicht hieher. Flatterbach ist ein alberner Junge, und seine Frau Gemahlin ein närrisches Ding von einem Weibe. Beyde wissen selbst nicht, was sie wollen. Er heirathete, um aus der Vormundschaft zu kommen, das erste beste Mädchen, das man ihm antrug, und sie hätte den Teufel in der Hölle genommen, um der Zuchtruthe ihres Vaters zu entkommen, der im Grunde eben so närrisch ist, als sein liebes Töchterchen. Was kann man von einem solchen Paare anders erwarten, als Dummheiten? Er glaubt, er übt die Rechte eines Ehemannes aus, wenn er seiner Frau mitspielt, wie ein ungezogener Bube einem

armen Mayenkäfer, den er in seine Gewalt be=
kommen hat —

Gräfin. Ja, er sagt immer, er thut
nichts anders, als was so viele andere Ehemän=
ner auch thun.

Graf. Und sie auf der andern Seite bil=
det sich ein, eine Ehefrau müsse ihrem Manne
immer die Spitze biethen, ihm immer widerspre=
chen, und sich nie von ihm eintreiben lassen.
Hat sie Ihnen nicht auch gesagt, Madam, sie
thut nichts anders, als was so viele andere Ehe=
frauen auch thun? Aber wenn sie erst älter und
klüger seyn, und die Welt ein wenig besser kennen
werden, so wird's schon besser gehn.

Gräfin. Aber wohl nie so gut, als es
gehn sollte. Wenigstens zweifle ich, daß je=
mahls eins durch das andere glücklich wird.

Graf. Erlauben Sie mir doch eine Frage,
Madam. Nicht wahr, Sie liebten mich, als
Sie mich heiratheten? Wenigstens haben Sie
mir das oft versichert.

Gräfin. Ja, mein Kind, von ganzer Seele; und ich liebe Sie noch.

Graf. Gut. Sie haben also den Mann nach Ihrem Geschmacke, und nach Ihrem Herzen bekommen. — Nun sagen Sie mir einmahl, was haben Sie denn für ein großes Glück mit mir gemacht?

Gräfin. In Ihrem Munde, Graf, klingt diese Frage ein wenig seltsam. Hab' ich mich denn jemahls über mein Schicksal beklagt? Oder wollen Sie mich etwa überreden, daß Ihnen Ihr Gewissen den Vorwurf macht, Sie hätten mich nicht ganz so glücklich gemacht, als es in Ihren Kräften war? Das überreden Sie mich nicht, Lieber! Nein, wenn ich nicht immer glücklich war, so lag die Schuld ganz allein an mir.

Graf sehr aus der Fassung. Ich sagte das nur, um Ihnen zu zeigen, daß die Liebe allein die allmächtige Göttin nicht ist, die uns vollkommen glücklich machen kann, wenn ihr nicht Plutus ein wenig an die Hand geht. — — Jetzt thäten Sie mir einen Gefallen, wenn Sie Luiſen von meinem Entſchluß benachrichtigten. Ich werde bald ſelbſt nachkommen, und Ihre Worte mündlich bekräftigen. Bereiten Sie ſie alſo auf meinen Beſuch vor, und empfehlen Sie ihr vor allen Dingen ſtrengen Gehorſam.

Gräfin. Sie tragen mir da ein ſehr unangenehmes Geſchäft auf, aber ich gehorche. ꝛc.

Zweyter Auftritt.

Der Graf.   Hernach Bedienter.

Ein gutes, braves Weib! Das Zeugniß muß ich ihr geben. Es muß ihr freylich weh thun, eine Tochter, die ſie zärtlich liebt, zu einer Heirath gegen ihre Neigung bereden zu müſſen; aber wer kann helfen? — Gütiger Himmel! wenn du willſt, daß wir gut und tugendhaft ſeyn ſollen, ſo mußt du uns auch die Mittel dazu nicht entziehen. Wo ich hinſehe, nichts als Armuth und Mangel! Wenn ſich mein Sohn weigert, die Wittwe zu heirathen, ſo bin ich unwiederbringlich verloren. Und ich fürchte, ich fürchte, ich werde von der Seite manche

Hinderniſſe zu bekämpfen haben. Ich weiß
nicht, wo mir der Kopf ſteht!

Bedienter. Der Herr Baron Flatterbach läßt fragen, ob er die Ehre haben kann —

Graf. Es wird mir ein Vergnügen ſeyn.
Bedienter ab. Ich brauche ohnedies Zerſtreuung;
eben ſo gut, daß der Narr kömmt; der wird
ſich wieder über ſeine theure Hälfte beſchweren,
und eine Lection bey mir holen wollen. Das
Weibchen iſt nicht übel, und ich habe große Luſt,
meinen Operationsplan weiter fortzuſetzen. Hetzen
will ich, daß es eine Luſt ſeyn ſoll, und alsdann — ja, und alsdann — Da kömmt mir
auf einmahl ein Gewiſſensſkrupel! — Ah! was
iſt denn an der Närrin zu verderben? Und ihr
Mann macht ſich ohnedies nichts aus ihr. Die
häusliche Ruhe ſtör' ich auch nicht, denn beyde
wiſſen gar nicht, was das für ein Ding iſt. Ob
alſo ich, oder ein andrer — Kurz, ſie gefällt
mir, und ich muß ſie haben.

———

Dritter Auftritt.

Der Graf. Baron Flatterbach.

B. Flatt. Ah, Herr Graf!

Graf. Sie sind ja ganz außer Odem? Was fehlt Ihnen denn, Herr Baron?

B. Flatt. Schon wieder so eine allerliebste Ehestandsscene! Ich bin ganz betäubt. Das saust und braust mir vor den Ohren. Erlauben Sie mir, daß ich mich ein wenig setze.

Graf. Sie, kleiner Wildfang, werden wohl die verwichene Nacht auf Abenteuer ausgegangen seyn.

B. Flatt. Nein, mein Seel nicht. Ich war bloß im Weinhaus. Es hatte doch eben erst drey Uhr geschlagen, als ich nach Hause kam, und doch war meine Frau so ein kleiner unvernünftiger Teufel, und fragte mich wohl funfzigmahl in einem Odem, wo ich so lange gewesen wäre.

Graf. Nun? Und ich will doch nicht hoffen, daß Sie diese ihre Neugierde befriedigt haben?

B. 'Flatt. Sie befriedigt? Ein Schelm will ich seyn, wenn ich das gethan habe. Aber ich möchte wohl wissen, wie Sie, Herr Graf, Sich bey einer solchen Gelegenheit benommen hätten, bloß um zu hören, ob ich's recht gemacht habe.

Graf. Gar nicht ungestüm würde ich gewesen seyn. Es giebt eine gewisse kalte Gelassenheit, die die Weiber bis auf's Blut kränkt. Man muß ihnen zeigen, daß man es gar nicht der Mühe werth hält, mit ihnen zu zanken. Sehn Sie, wenn wir poltern, so geben wir unsern Weibern das Recht, auch zu poltern; sobald wir aber eine gewisse kalte Höflichkeit beybehalten, so stechen die Bitterkeiten, die sie uns sagen, desto mehr ab, und dies giebt uns ein großes Uebergewicht. „Sehn Sie nur, Madam, wie Sie da wieder auffahren! Ist das „der Ton, in welchem ich mit Ihnen spreche? „Sie sehn ja, ich bin so höflich als möglich gegen „Sie. Sagen Sie mir doch ein wenig glimpf„licher, was Sie mir zu sagen haben.“ — Sehn Sie, so möchten die Weiber vor lauter Bosheit aus der Haut fahren.

B. Flatt. Das iſt wahr, Sie haben ein Talent die Weiber zu quälen, das zum Beneiden iſt.

Graf lächelnd. O Sie ſind ſehr gütig, Herr Baron!

B. Flatt. Gütig? Nein, mein Seel nicht. Die pure lautre Wahrheit iſt's. Hab' ich doch oft geſehn, wie Sie Ihrer Frau Gemahlin eine bittere höhniſche Antwort hinwarfen, daß ihr vor Kränkung und Unwillen die hellen Thränen aus den Augen ſtürzten, und Sie blieben ſo kalt, ſo gleichgültig dabey, wie ich, wenn ich ein Glas Waſſer trinke. — Ja, wer Ihnen das nur nachmachen könnte! — Dieſen Morgen zwar hatte ich mich ſo ziemlich in meiner Gewalt.

Graf. Apropos! Sie haben mir ja noch nicht erzählt, was eigentlich zwiſchen Ihnen und Ihrer Frau vorgefallen iſt.

B. Flatt. Das ſollen Sie gleich hören! Ich kam, wie ich Ihnen ſchon geſagt habe, gleich nach drey Uhr nach Hauſe, und brachte ſo

ein kleines Räuschchen mit.   Aber das ging ihr
ja nichts an!   Nicht wahr, Herr Graf? —
Sie wissen, ich bin allezeit sehr aufgeräumt und
guter Laune, wenn ich ein Gläschen getrunken
habe. Diesmahl kroch ich in's Bett', so still wie
ein Mäuschen, denn ich war mein Seel eben so
wenig gesonnen, mit ihr zu zanken, als jetzt mit
Ihnen. — Ich mochte sie ohnerachtet aller meiner Vorsicht dennoch aufgeweckt haben. „Hm!“
sagt' sie gähnend, „es ist doch auch verdrießlich,
wenn man nicht einmahl in der Nacht Ruhe
hat!“   und so brummte sie eine ganze Zeit fort.
Ich lag indessen ganz ruhig, und antwortete
ihr keine Sylbe: aber endlich wurde mir's doch zu
toll.   „Hören Sie doch einmahl auf zu summen,
„Frau Wespe“, sagt' ich, „und lassen Sie
„einen ruhig schlafen. “   Ich schlief schon halb,
als ich das sagte. „Ey meinetwegen“, brummte
sie verdrießlich, „so schlafen Sie, Sie Faullen-
„zer“! Und dabey wälzte sie sich herum, daß
das Bett krachte. Ich sagte nichts mehr, denn
in zwey Minuten war ich todt, und schnarchte
wie ein Ratz. Als ich vorhin zum Frühstück
hinunter kam, saß meine Frau am Theetisch,

und saß in ihrem Negligee so allerliebst, so nied-
lich, so reizend aus, daß ich guter Narr im
Augenblick alles drüber vergaß, was diese Nacht
zwischen uns vorgefallen war, und sie küssen
wollte. Indem warf sie ihr kleines finstres Ge-
sichtchen in die Höh': „Du warst mir vorige
„Nacht ein saubrer Zeisig!“ sagte sie. „Ich
„schmeichle mir, es alle Nächte zu seyn, Madam,“
antwortete ich mit einer spöttischen Verbeugung. —
War das nicht ohngefähr nach Ihrer Methode,
Herr Graf?

    Graf. Excellent! Vortrefflich haben Sie
Ihre Sachen gemacht.

    B. Flatt. „Darf man wissen, wo du
„die ganze Nacht herumgeschwärmt hast?“ fragte
sie. „Im Weinhause,“ sagte ich. „Und
„war die Gesellschaft stark?“ fragte sie wieder. —
Ich nannte ihr ein halb Dutzend liederliche Kerls,
die ich in meinem Leben nicht gesehen habe, aber
dem Namen nach kenne, „und drey Freuden-
„mädchen,“ setzte ich kaltblütig hinzu, pfiff ein
Stückchen, und sah zum Fenster hinaus.

                  B

Graf. Das war aber ein wenig stark, Herr Baron.

B. Flatt. Sie hätten aber auch sehn sollen, Herr Graf, mit welcher Heftigkeit sie ihre Tasse hinwarf. „Wenn das ist," schrie sie schluchzend, „so scheid' ich mich von Tisch „und Bett" — „Wie ich schon lange Zeit „wünsche, Madam!" antwortete ich, stemmte den Arm in die Seite, und sah ihr starr in's Ge= sicht. — „Nein, wie Ich wünsche, mein „Herr!" — „Nein, Madam!" — „Ja, „mein Herr!" — Und so ging das Nein Ma= dam, und Ja mein Herr, hinüber und herüber, bis wir beyde vor Zorn nicht mehr reden konnten. Endlich sagte sie mir etwas, um mich aufzubrin= gen; ich weiß selbst nicht mehr was — Und ich sagte ihr wieder etwas, das vielleicht nicht gar höflich war, und das Sie vermuthlich nicht würden gesagt haben; Herr Graf!

Graf. Und was war denn das?

B. Flatt. Je nun — Ich sagte — ich sagte — sie plagte mich — zu arg, und —

Ich sagte ungefähr so viel, als: Sie wär' ein garstiger zänkischer Drache.

Graf lachend. Pfui! Wenn Sie nur wenigstens das Wort „garstig" nicht hinzugesetzt hätten!

B. Flatt. Ja, was hilft's? Heraus war's einmahl. Sie schrie überlaut; ich schrie noch ärger, warf den Theetisch um, und eilte zu Ihnen, um mir Rath und Trost von Ihnen auszubitten.

Graf. Sie dauern mich herzlich, lieber Baron! Einen solchen kleinen Teufel zur Frau zu haben, das ist eine Hölle auf Erden. Aber nachgeben müssen Sie ihr durchaus nicht, sonst wird's noch ärger. Mir ging's im Anfange gerade so: aber ich kehrte das Rauhe heraus, und meine Frau zog gleich andere Seiten auf. Jetzt ist sie eine der nachgiebigsten und folgsamsten Weiber in der ganzen Monarchie.

B. Flatt. Ja das muß ihr der Neid nachsagen. Ich versichre Ihnen, Herr Graf,

wenn die Frau Gräfin nur ein klein wenig jünger
wär', ich tauschte gleich mit Ihnen. Ich
wollte, wir lebten wie die Spartaner. Mein
Seel! wenn die Spartanischen Gesetze bey uns
gälten, meine Frau stände Ihnen zu Diensten,
und ich getraue mir zu behaupten, der Ihrigen
würde ich willkommen seyn.

Graf. So? Wissen Sie das so gewiß?

B. Flatt. Und warum nicht? So
viel weiß ich, die meinige macht sich nicht so
viel aus mir, er bläst auf die Hand, und die
Ihrige wird's eben nicht besser machen; und
vermuthlich machen es alle Weiber so. — Aber
was meinen Sie, Herr Graf, ich habe mir
vorgenommen, mit meiner Frau eher kein Wort
zu reden, bis sie kömmt und mich um Verzeihung bittet?

Graf. O pfui! das heißt, sich wie die
Kinder umsonst und um nichts zanken, um sich
wieder auszusöhnen. Zeigen Sie ihr, daß Sie
Mann sind, und Sich aus ihrem Unwillen nichts
machen. Thun Sie, als ob ganz und gar

nichts vorgefallen wär'. Macht sie finstre Ge-
sichter, so lächeln Sie, und fragen Sie, wie ihr
Ihr Gilet, oder Ihr Halsstreif gefällt, oder
sonst eine solche Kleinigkeit. Eine Antwort muß
sie Ihnen doch geben. Ist's eine unfreundliche,
so lachen Sie ihr unter die Nase, nehmen Ihren
Hut und Stock, und wünschen ihr einen guten
Morgen. Antwortet sie mit Humor, so thun
Sie, als hörten Sie nicht darauf, gehen im
Zimmer herum, trillern ein Liedchen, werfen
ihr dann ein kaltes sorgenloses: „Sprechen Sie
„mit mir, Madam?" in den Bart, und,
ohne ihre Antwort abzuwarten, zur Thür' hinaus gehüpft. Ich stehe Ihnen dafür, dieses
Benehmen wird Ihre Frau tausendmahl mehr
kränken und demüthigen, als wenn Sie Tage
lang mit ihr zankten.

B. Flatt. Sie haben mein Seel Recht,
Herr Graf! Wenn ich nur nicht so verdammt
hitzig vor der Stirn wäre! Was gäb' ich nicht
für zwölf Tropfen von Ihrem kalten Blute! Indessen, ich will's versuchen. Tausend Dank für
Ihren guten Rath, Herr Graf.

Graf. Nicht Ursache. Speisen Sie diesen Mittag zu Hause?

B. Flatt. Das kann ich noch nicht sagen.
Ich muß erst recognosciren. Ich weiß wohl,
daß Sie nicht zu Hause speisen, und ich bin nicht
gern allein mit den Weibern.

Graf. O ich bin gleich nach Tische wieder
zu Hause, und ich werde alsdann begierig seyn,
zu wissen, wie weit es indessen zwischen Ihnen
und Ihrer Frau gekommen ist.

B. Flatt. Der Himmel weiß, ob es
nicht indessen zu Ohrfeigen gekommen ist; aber
ich will mich nicht faul finden lassen. Ab.

Graf. Ha, ha, ha! Wenn man ein
paar so ungezogene Kinder mit einander verheirathet, so muß es ja eine allerliebste Ehe geben;
das kann nicht fehlen. Wenn er meinen An-
weisungen folgt, so muß alles nach meinen Wünschen gehn. Das kleine Weibchen sieht sich auf's
äußerste gebracht, kömmt zu mir, und sucht
Hülfe, und ich bin ihr Tröster. — Hm! wo

ich nur in meiner jetzigen Lage Muth und Geist
zur Intrigue hernehme? — So viele Projekte
auf einmahl, — und mit unter so mißliche —
Ein andrer an meiner Stelle rennte sich den Kopf
gegen die Wand. ab.

Vierter Auftritt.

Zimmer der Gräfin.

Die Gräfin. Luise.

Luise. Also, mein Vater ist nicht zu bewegen?

Gräfin. Leider nicht, mein Kind!

Luise. Mein Gott, was soll ich thun?

Gräfin. Was ein kluges Mädchen in
deiner Lage thun muß. Du mußt sehen, dich
in dein Schicksal so gut zu finden als möglich.

Luise. Aber, liebste Mutter, Sie kennen den Baron Schneckenburg; Sie wissen,
was er für ein unerträglicher, langweiliger Geck
ist; wissen, wie lächerlich er sich mit jedem Au-

genblicke durch den albernen Pomp und die ekel-
hafte Weitschweifigkeit seiner Ausdrücke macht.
Was er für übertriebene Begriffe von der Liebe
hat! Wie sein Mund immer von Feuer und
Flammen überströmt, indeß er Eis im Herzen
trägt! Nein, es ist nicht möglich, einen solchen Menschen um sich zu dulden!

Gräfin. Und doch duldete ihn die Frau
von Palmer, die doch ein Weib von Geist und
Kopf ist, so lange um sich.

Luise. Aus keiner andern Ursache, als
weil sie ihn zum Besten haben konnte, wie sie
wollte. Seine Narrheit, so langweilig sie auch
im Grunde ist, belustigte sie. Zu halben Tagen
hat er, wie mir mein Bruder sagt, zu ihren
Füßen geseufzt, und wenn er einen Fehler be-
ging, so legte sie ihm die abenteuerlichsten, kin-
dischten Strafen auf, die der alberne Tropf noch
oben drein für Merkmahle ihrer Gewogenheit
aufnahm. — O liebste Mutter, schützen Sie
mich vor meines Vaters Zorn! Sie hab' ich zu
meiner Vertrauten gemacht; denn das Ansehn
einer Mutter verschmilzt sich immer in die Güte

einer Freundin.   Aber meinem Vater das Geheimniß meines Herzens entdecken, dazu hab'
ich keinen Muth. — O wie ich seine Strenge
fürchte!

Gräfin.   Luise, du solltest seine väter-
liche Sorgfalt für dein Glück nicht mit einem so
harten Namen belegen. — Ich höre ihn draußen
reden. — Ich lasse dich allein, damit es nicht
aussieht, als hätten wir Komplot gegen ihn gemacht. Durch eine Seitenthür ab.

Luise ihr nachrufend.   Verlassen Sie mich
nicht, meine Mutter!   Gott, was soll aus mir
werden! Sie steht in tiefen Gedanken.

Fünfter Auftritt.
Luise.   Der Graf.

Graf bleibt etwas rückwärts stehn, und deklamirt
folgende Verse mit ironischem Affekt.

Am Blumenrande dieser Quelle
Hab' ich Damöten oft gesehn:
Sie rieselte so sanft, die Quelle!
Und — Ach! — Damötas war so schön!

Nun, womit beschäftigt sich dein zärtliches Herzchen? Unstreitig mit deinem Damöt, mit dem jungen Schneckenburg?

Luise. Nein, mein Vater!

Graf. Ist das aber auch die Wahrheit? Sieh mich einmahl an, Kind! Starr in's Gesicht — Du wirst ja ganz roth? Was bedeutet denn das?

Luise. Wenn ich roth bin, so ist es aus Furcht, mein guter Vater möchte nicht so zufrieden mit mir seyn, als ich wohl wünschte.

Graf. Ey du arme kleine Furchtsamkeit, du! Ist's doch, als hörte ich den kindlichen Gehorsam selbst sprechen! Sieh, Mädchen, ich kann die Heucheley durch den Tod nicht leiden! Im Grunde deines Herzens bist du doch ein kleiner Rebelle. Gesteh' mir einmahl aufrichtig: wenn's in deiner Macht ständ', würdest du nicht diesen Augenblick dem jungen Schneckenburg deine Hand geben?

Luise. Mein Vater — Ich — ich — ich würde —

Graf. Nun, was ſtockſt du denn ſo? Heraus mit der Sprache!

Luiſe. Wenn ich — Ihre Genehmigung hätte, mein Vater — ſo geſtehe ich aufrichtig — ich wäre ſehr geneigt, ihn — jedem andern vorzuziehn.

Graf. Hab' ich's nicht gedacht! — Aber ohne meine Genehmigung? Was ſagt dein kindlicher Gehorſam dazu?

Luiſe mit ſtandhaftem Tone. Ohne Ihre Genehmigung, mein Vater, werde ich nie heirathen.

Graf. Wer das glaubte! — Aber ich halte dich beym Worte. So viel zur Nachricht: Eine Heirath mit dem jungen Schneckenburg werde ich nie genehmigen. — Wie gefällt das deinem liebeſiechen Herzchen?

Luiſe. Ich ergebe mich in Ihren Willen, mein Vater! Sie verneigt ſich, und will abgehn; er verbeugt ſich, und läßt ſie bis an die Thür gehn.

Graf. Belieben Sie immer wieder um-
zukehren, Komtesse! Wir sind noch nicht fertig. Sie kömmt zurück. Wo wolltest du denn hin-
segeln mit der reitzenden, schmachtenden, Arka-
dischen Schäfermiene? He!

Luise. In mein Zimmer, mein Vater! —
aber — Sie befehlen —

Graf. Ich befehle! Pfui doch! Was
das für ein harter Ausdruck ist! Es giebt wohl
solche unartige Väter, die sich dergleichen unan-
ständige Freyheiten gegen ihre Kinder erlauben:
aber ich bin viel artiger, ich! Ich bitte nur.
Ich ersuche Sie also, meine Schöne, Sich's noch
etwas länger bey mir gefallen zu lassen — wenn
sich anders ein Herz, welches der allmächtige
Hauch der Liebe veredelt, vergöttlicht hat, zu
den menschlichen Erinnerungen eines Vaters her-
ablassen kann. — Nun, was hängst du den
Kopf? Setze dich nieder — Ich glaube gar,
du willst in Ohnmacht fallen? — „A — —
a — ch ich ster — r — erbe! Ich — ver-
r — ge — he! Leb — wo — o — ohl
Schneckenburg! —" O mach' doch das Luise!

das müßte excellent theatraliſch ſeyn — Betty, deine Komteſſe ſtirbt vor Liebe — Luiſe fängt an zu weinen. So, endlich gehn die Schleußen auf! O ſeht hier Lilien, vom Morgenthau getränkt! Wahrhaftig, Luiſe, das Weinen ſteht dir recht gut!

Luiſe. Mein Vater, Sie gehn grauſam mit mir um!

Graf. Grauſam? Ueber den grauſamen Vater, der ſeine Tochter wider ihren Willen glücklich machen will! — Alſo, Luiſe, du weißt meine Meinung in Anſehung des jungen Schneckenburgs — Ja, ja, ſeufze nur! — Ich verbiethe dir hiermit, von dieſem Augenblick an weiter an ihn zu denken; das iſt der erſte, und vielleicht der härteſte Theil meines Befehls. Der zweyte iſt, daß du dich gefaßt machſt, dem ältern Baron Schneckenburg deine Hand zu geben. — Und nun kannſt du dich, wenn du willſt, auf dein Zimmer begeben, und dein hartes Schickſal in Proſa oder in Verſen beweinen. Aber vergiß nicht, deinem Kammermädchen zu klagen, was du für einen Tyrannen zum

Vater-haft. *Er klopft sie auf die Backen.* Luise, sey ein gutes Kind. Ich bitte dich, Luise. Laß deinen Vater nicht umsonst bitten! *Sie geht stille schweigend ab.*

Graf *allein.* Das arme Mädchen dauert mich, aber ich darf mir's nicht merken lassen. Verdammtes Schicksal, das mich zwingt, meine Kinder zu Heirathen wider ihren Willen zu bereden!

Sechster Auftritt.

Der Graf. Der Hauptmann.

Graf. Ah! gut, daß du kömmst, mein Sohn! Ich hatte eben eine Unterredung mit deiner Schwester, die —

Hauptm. Sie begegnete mir weinend. Ich will nicht hoffen, mein Vater, daß sie Sie beleidigt hat!

Graf. Ah! Beleidigen! So ein Aeffchen kann mich auch beleidigen! Ich habe bloß das Geheimniß von ihr heraus gebracht, daß sie sich in einen jungen Laffen verliebt hat, der

keinen Pfennig in Vermögen hat, und daß ihr
die Partie nicht ansteht, die ich ihr ausgesucht
habe; das ist's alles. Du siehst, lauter Kleinigkeiten, Kindereyen!

    Hauptm. Lassen Sie ihr Zeit zur Ueber-
legung, mein Vater! und sie wird sich schon
eines Bessern besinnen.

    Graf. Was hilft einem alle väterliche Für-
sorge, wenn einem so ein albernes Ding immer
und ewig widerspricht! — Du, Hauptmann,
hast dich immer wie ein gehorsamer Sohn gegen einen Vater betragen, der leider nicht so viel
für dich thun konnte, als er wohl wünschte.
Gern möcht' ich dir's auf eine andere Art ein-
bringen —

    Hauptm. Hat mir's Ihre väterliche
Liebe nicht tausendmahl ersetzt? Ich wünschte
nur, Sie in einer glücklichern und ruhigern Lage
zu sehn, mein Vater!

    Graf. Ja wohl! Ich habe Ruhe und
Glück nöthig, das weiß Gott! Aber, Fritz, wie,

wenn es in deiner Macht stånd', mir und dir
beydes zu verschaffen?

Hauptm. Wie gern würd' ich die Gelegenheit ergreifen! Aber ich fürchte —

Graf. Es giebt ein Mittel, unsere Um-
stånde augenblicklich zu verbessern, und ich habe
schon lange deswegen mit dir sprechen wollen.
Ich wüßte eine hübsche, sehr reiche Wittwe —
Aber du machst schon Mienen, so wie ich nur
von ihr anfange? He! — das ist eben keine
gute Vorbedeutung — Aber ich versichere dir,
die Sache ist wohl einer nåhern Beleuchtung
werth. Gesetzt, die Wittwe Palmer, die drey
und funfzig tausend Gulden jåhrliche Einkünfte
hat, hätte die Augen auf dich geworfen; wåre
das Mittel nicht gut? Du wirst ja roth?
Weißt du vielleicht schon von der Verwüstung,
die du in ihrem Herzen angerichtet hast?

Hauptm. Ich freue mich, mein Vater,
Sie so aufgeräumt zu sehn.

Graf. Nein, nein, es ist mein völliger
Ernst! Kömmt dir denn das so sonderbar vor,

wenn ein hübscher junger Mensch einer artigen jungen Wittwe in die Augen sticht? — Gefällt sie dir nicht?

Hauptm. Ich glaube, sie ist ganz hübsch — Ich habe sie wahrhaftig nicht so genau angesehn.

Graf. Nicht angesehn? Und besuchst sie doch so fleißig?

Hauptm. Ich bin oft in ihrem Hause, aber — ich besuche ihre Schwester.

Graf. So? Was ist denn das für ein Mädchen?

Hauptm. Mein Vater — sie ist ein Engel!

Graf. Wenigstens. Das kann ich mir vorstellen. Wohlfeiler thut ihr Verliebten es nicht. — Hat dieser Engel aber Vermögen?

Hauptm. Leider nicht! Sie lebt von der Gnade der Wittwe.

Graf. Also die Wittwe ist gar nicht nach deinem Geschmack?

C.

Hauptm. Sie kann ihre großen Verdienste haben, mein Vater, aber —

Graf. Die verdammten Aber! Ich glaube, ihr habt euch heute alle verschworen mich zu Tode zu abern. Da kömmt erst deine Mutter, versichert mich, sie sey alles zufrieden, was ich will, aber sie findet es hart, unsrer Tochter einen Mann zu geben, den sie nicht mag — Dann kömmt Komtesse Luise — Sie ist ganz gehorsam gegen die Befehle ihres Vaters, aber — sie hat demohngeachtet ihr Herz schon verschenkt, ohne ihn zu fragen. — Und Du, — du bist willig und bereit, jedes Mittel zu ergreifen, das unsere Umstände verbessern kann, aber — da ich dir eins vorschlage — —

Hauptm. In jedem andern Falle werden Sie den gehorsamsten Sohn an mir finden, mein Vater, aber in diesem Falle — Meine Ehre und mein Herz sind verpfändet. Ich liebe das Fräulein Maynbach, liebe sie wie mein Leben; und wenn dies das Unglück allein wär' — Da es denn einmahl eins seyn soll — so würden Sie mich demohngeachtet bereit finden, Ihren Willen zu befolgen, aber —

Graf. Nun? Aber?

Hauptm. Aber — Sie liebt mich wieder.

Graf. Das thut mir leid. O, mein Sohn, ein ſchönes Lärvchen wird unſere verpfändeten Güter nicht einlöſen!

Hauptm. In dieſem Augenblick bedaur' ich's zum erſtenmahle, daß Fräulein Maynbach nicht reich iſt. Ich hoffte, durch Muth und Thätigkeit einſt in den Stand zu kommen, ſie unſerm Range gemäß zu erhalten; ich ſchmeichelte mir ſogar, Ihre Einwilligung zu erhalten —

Graf. Wie? Eine Bettlerin zu heirathen?

Hauptm. Nicht dieſes harte, demüthigende Wort, mein Vater, wenn ich bitten darf. Sie verdient ein viel glänzenders Glück, als das, was ich ihr anbiethen kann. Was iſt Geburt, was iſt ein großer Titel, wenn man, wie ich, von allen Mitteln entblößt iſt, ihn geltend zu machen?

Graf. Der Vorwurf war nicht großmüthig, mein Sohn, aber ich verdiene ihn.

Hauptm. Verzeihen Sie, mein Vater! es ſollte kein Vorwurf ſeyn.

Graf. Und wenn es auch einer seyn sollte, so verzeihe ich dir doch. Genug jetzt von dieser Sache; ich will in einem so delikaten Punkte nicht weiter in dich dringen.

Hauptm. Sie sind sehr gütig, mein Vater!

Graf. Nur noch die einzige Frage: Hast du dem Fräulein Maynbach förmlich die Ehe versprochen?

Hauptm. Nein, mein Vater! Sie hat es immer abgelehnt. Sie will, ich soll nicht durch mein Wort, ich soll durch mein Herz an sie gefesselt seyn.

Graf. Das freut mich. Wenn dem so ist, so seh' ich nicht ein, wie deine Ehre so große Gefahr laufen könnte? Und was deine Liebe betrifft — in deinem Alter, Hauptmann, stirbt man an keiner Untreue.

Hauptm. Sie waren vorhin so gütig, mein Vater, mir zu versprechen, Sie wollten deswegen nicht weiter in mich dringen.

Graf. Es ist auch wahr. Ich will dich nicht länger aufhalten. Nach Tische sehn wir uns wieder.

Hauptm. Ich habe die Ehre aufzuwarten, mein Vater! ab.

Graf. Sah ich's doch vorher, daß es so gehen würde! — Also auch diese Hoffnung wär' vorbey! — Verdammtes Schicksal! — Aber tobe wie du willst, mich sollst du doch nicht zur Verzweiflung bringen! ab.

— — —

Zweyter Aufzug.

— —

Erster Auftritt.

Baron Flatterbachs Zimmer.

Baron Flatterbach noch im Ankleiden begriffen. Ein Bedienter.

Baron Flatterbach.

Weißt du nicht, ob meine Frau wieder nach Hause ist?

Bedient. Die gnädige Frau sind gar nicht aus gewesen, Ihro Gnaden.

B. Flatt. Ich glaubte, sie hätte auswärts gespeiset?

Bedient. Nein, Jhro Gnaden! Sie hat der Lisette nur befohlen so zu sagen, weil sie keine Lust hatte, zu Tische zu kommen.

B. Flatt. Wenn's weiter nichts ist — so geh' hinüber und sag' ihr, ich wollte sie wegen etwas sehr Nothwendigen sprechen. *Bedienter ab.* Nun will ich die Regeln in Ausübung bringen, die mir der Graf gegeben hat. — Wenn ich nur den rechten Ton treffe. — Laß einmahl sehn — Erst also muß ich thun, als säh' ich sie gar nicht. — Ja, das wird sie teufelmäßig verdrießen — Horch! — Wenn sie schon käm', so — wär' ich aus meinem ganzen Koncepte! — Ich muß mich nur recht in Positur setzen — Horch! — Mein Seel, sie ist schon da!

Zweyter Auftritt.
Baron Flatterbach. Die Baronin, im verdrießlichen Ton.

Baronin. Was wollen Sie?

B. Flatt. Ich? Ganz und gar nichts! Wenigstens von Jhnen nichts, Madam! Ich wüßte auch wahrhaftig nicht, was man von Jhnen wollen könnte!

Baronin. Weswegen haben Sie mich denn also rufen laſſen?

B. Flatt. für ſich. Mein Seel, ich glaube, ich habe das Ding dumm angefangen! Es hätte alles ſollen wie von ohngefähr kommen. Nun weiß ich nicht, was ich ſagen ſoll. Laut. Wie gefällt dir dieſes Kleid, mein Schatz?

Baronin. Und iſt das alles, was Sie mir zu ſagen hatten? Sie will gehn.

B. Flatt. mit lächerlicher Autorität. Madam! Sie unterſtehen Sich nicht —

Baronin ſchnippiſch. Unterſtehn? Ich mich unterſtehn?

B. Flatt. Ja, ja, Madam, unterſtehn! unterſtehn! — Alſo Sie unterſtehn Sich nicht, eher wegzugeh'n, als bis Sie mir meine Frage beantwortet haben. Höflich, mit Humor, oder unartig, ich bin auf alles gefaßt!

Baronin. Und durch dieſe Narrheiten wollen Sie wohl Ihr Betragen von heute früh wieder gut machen, mein Herr?

B. Flatt. auf und niedergehend.
Ihr Götter, ſchenket mir ein Weib
Aus großer Gunſt zum Zeitvertreib.

Baronin. Aber so viel kann ich Ihnen indeß zur Nachricht sagen: ich bin nicht im mindesten gesonnen, mich von Ihnen wie ein kleines Mädchen behandeln zu lassen.

B. Flatt. mit einem Bückling. Sprechen Sie mit mir, Madam?

Baronin. Mit wem sonst?

B. Flatt. Mein Seel! ich hatte schon wieder vergessen, daß du im Zimmer wärest, Kind!

Baronin. Was das für Albernheiten sind!

B. Flatt. für sich. Jetzt operirt's, wenn ich nur kalt bleiben kann. Laut.
Doch wenn zu einem größern Glück
Sie, eure Gnade will erheben,
Ihr Götter, ach! nehmt sie zurück!
Ich hoffe ohne sie zu leben.

Baronin. Wie abgeschmackt!

B. Flatt. kömmt ihr ganz nahe. Ich hoffe, ohne sie zu leben! ohne sie zu leben!

Baronin stößt ihn von sich. Ein so einfältiges kindisches Betragen für einen Mann, der sich doch schon seit drey Monathen rasiren läßt!

B. Flatt. Galt das mir, Madam?

Baronin. Aufzuwarten, mein Herr!

B. Flatt, mit Autorität. Fort in Ihr Zimmer, Madam! Marsch! Den Augenblick! Und laſſen Sie Sich einmahl für allemahl geſagt ſeyn: Sie dürfen Sich nicht wieder unterſtehn, ohne meine ausdrückliche Erlaubniß in das Zimmer zu kommen, wo ich mich ankleide. Die ernſthaften Stunden eines Mannes —

Baronin. Eines Mannes? Ha, ha, ha!

B. Flatt. Wie? Sie unterſteh'n Sich gar zu lachen? — Doch, Sie ſind meines Zorns nicht werth. Gehn Sie mit Ihrem Spielzeuge da! Er wirft ihr den Strickbeutel, den ſie auf den Tiſch gelegt hatte, zu. Ich will jetzt allein ſeyn!

Baronin. Und nun will ich gerade da bleiben! Sie ſetzt ſich, und fängt an zu arbeiten.

B. Flatt. Welche Kühnheit! Sie widerſetzen Sich den Befehlen eines Mannes?

Baronin. Eines Mannes? Du lieber Himmel, Sie ſind der rechte Mann, Sie! Eine Puppe hätte man Ihnen geben ſollen, ſtatt einer Frau!

B. Flatt. Und das hat man ja gethan, Madam.

Baronin *äußerst bitter.* Vermuthlich weil man wußte, daß Sie zeitlebens ein Kind bleiben würden.

B. Flatt. Und Sie eine Närrin!

Baronin. Nun so bin ich gerade die rechte Gesellschaft für Sie.

B. Flatt. Sie sind wahrhaftig nicht höflich, Madam!

Baronin. Sie wahrhaftig auch nicht, mein Herr — Haben Sie je geseh'n, daß Graf Mittelburg mit seiner Gemahlin so umgeht?

B. Flatt. Und haben Sie je gesehn, daß die Gräfin Mittelburg mit ihrem Gemahle so umgeht? — Daß ich aber auch heirathen mußte!

Baronin. Ja, das sag' ich auch!

B. Flatt. Aeffen Sie mich nicht, oder, mein Seel! ich bin im Stande und zerschlage das ganze Porzellan, das ich Ihnen erst gestern gekauft habe, in tausend Stücken.

Baronin. O ja, das thun Sie doch, Sie liebes kleines Bübchen!

B. Flatt. Sie Impertinente —

Baronin bricht in Thränen des Zorns aus. Wie? Du unterstehst dich, mich zu schimpfen? Ich lasse mich nicht schimpfen! Ich will mich nicht schimpfen lassen! Ich schreib' es meinem Papa!

B. Flatt. So recht! Wie das kleine Kindchen weint!

Dritter Auftritt.

Vorige. Graf Mittelburg.

B. Flatt. heimlich zur Baronin. Schämen Sie Sich doch! Trocknen Sie Sich die Augen geschwind! der Graf sieht sonst, daß Sie geweint haben.

Baronin ganz laut. Ey, was mach' ich mir daraus! Er mag's seh'n! Die ganze Welt mag's seh'n! Ich leide das nicht länger. Ich schreibe meinem Papa, daß er mich abholen läßt. Diesen Augenblick geh' ich zu meinem Onkel Schneckenburg!

Graf. Ich bitte um Verzeihung, daß ich so geradezu gegangen bin. Aber was, um des Himmels willen! ist hier vorgegangen? Sie so verstört, Herr Baron? und die gnädige Frau in Thränen? Sollten Sie gar etwa eine traurige Neuigkeit —

B. Flatt. O nein, Herr Graf! Es giebt hier gar nichts Neues! Lauter alte Dinge! Ich hab' ihr nur ein wenig den Text gelesen.

Graf. Ey, ey, Herr Baron, das haben Sie nicht recht gemacht.

Baronin schluchzend. Ah, Herr Graf, er macht's immer nicht recht!

B. Flatt. Ja freylich, Herr Graf, wenn Sie ihr glauben wollen.

Graf. Gern würf' ich mich zur Mittelsperson auf, wenn ich nur die Ursache Ihres Streits wüßte.

B. Flatt. Das machen Sie gut, Herr Graf! Als ob ein Weib Ursachen hätte, wenn sie mit dem Manne zankt.

Baronin. Der Himmel bewahre uns! nun wird er gar witzig! Aber Sie sollen gleich hören, Herr Graf —

B. Flatt. Ja das ſollen Sie. Sie hat mir —

Baronin. Nein, Herr Graf, er hat mich —

B. Flatt. Nun, da ſehen Sie ſelbſt —

Baronin. Er ſchickte nach mir.

B. Flatt. Nein, das hab' ich nicht.

Baronin. Kannſt du's läugnen?

B. Flatt. Ja, das kann ich.

Baronin. Glauben Sie ihm kein Wort, Herr Graf! Er ließ mich herüber rufen, und als ich kam, ſagte er mir nichts als Impertinenzen und Unſinn.

Graf. O pfui, Herr Baron! Ich dächte, die gnädige Frau verdiente etwas beſſers als Impertinenzen und Unſinn.

Baronin. Und da lief er im Zimmer herum, und brummte mir alberne Verſe unter die Naſe, die ohngefähr ſo viel ſagten, als, er wolle mich gern los ſeyn.

B. Flatt. Ein bloßer Scherz, Herr Graf! aber ſo etwas verſteht ſie nicht.

Baronin. Auch daraus hätt' ich mir noch nichts gemacht; aber nun fing er an zu schimpfen — Aber ich will der Sache bald ein Ende machen! *Sie geht zum Spiegel, trocknet sich die Augen, und bringt den Kopfputz in Ordnung.*

Graf. Da haben Sie sehr Unrecht, Herr Baron! *Heimlich.* Hab' ich Ihnen die Methode so angegeben?

B. Flatt. Sie hätten aber auch hören sollen, wie sie mich auf's Aeußerste trieb.

Graf. Fort dürfen wir sie durchaus nicht lassen.

B. Flatt. Sie glauben nicht, Herr Graf, was sie für ein Starrkopf ist.

Baronin *klingelt.*

Graf. Lassen Sie mich nur allein mit ihr; ich will ihr den Kopf schon zurecht setzen!

B. Flatt. Das thun Sie, Herr Graf! Ich bin der Zänkereyen herzlich müde.

Baronin *zum Bedienten, der eintritt.* Sind die Sesselträger da?

Bedient. Ich will zuseh'n, Ihro Gnaden!

Baronin. Wenn sie da sind, so sollen sie sich parat halten. *Bedienter ab.*

Graf. Wollen Sie Sich austragen lassen, gnädige Frau?

Baronin. Nur auf eine Viertelstunde zu meinem Onkel Schneckenburg. Ich muß Ihm doch meinen Entschluß mittheilen.

Graf *heimlich zum Baron.* Geschwind einen Vorwand ersonnen, daß Sie fortkommen, sonst ist alles verloren!

B. Flatt. Sie sollen seh'n, daß ich Gegenwart des Geistes habe. *Er zieht ein Taschenbuch aus der Tasche,* und nimmt ein Papier heraus. *Laut.* Werden Sie mir wohl verzeihn, Herr Graf, wenn ich Ihnen davon laufe? Damit Sie aber auch seh'n, daß sich's der Mühe verlohnt, *er zeigt das Papier.* Seh'n Sie, Mittwochs halb sechs Uhr.

Graf. O, ich bitte recht sehr!

B. Flatt. Vielleicht komm' ich bald wieder. — Verzeih'n Sie, Herr Graf, daß ich Sie so allein lasse! *Ab.*

Vierter Auftritt.

Graf Mittelburg. die Baronin.

Graf halb für sich. Daß er mich allein läßt! Ging' er doch nur in eine halb so gute Gesellschaft, als die ist, in der er mich läßt!

Baronin dreht sich um. Was sagen der Herr Graf?

Graf. Nichts, gnädige Frau! Es fiel mir nur auf, daß mich der Herr Baron um Verzeihung bath, daß er mich allein ließ.

Baronin. O, in des Barons Augen bin ich niemand! In dem Humor, in den er mich eben gesetzt hat, könnte er auch halb und halb Recht haben. Um desto eher hoffe ich, daß mir der Herr Graf verzeih'n werden, wenn ich mich beurlaube.

Bedient. Der gnädige Herr hat sich in Ihrem Tragsessel austragen lassen. Er sagte, Ihro Gnaden könnten den Wagen nehmen. Befehlen Sie, daß der Kutscher anspannen soll?

Baronin. Nun da seh'n Sie es selbst, Herr Graf, wie er mich behandelt! Zum Bedienten. Ich mag den Wagen nicht; es muß ein

Tragſeſſel gemiethet werden! Bedienter ab. Um Verzeihung, Herr Graf, wo iſt denn mein Mann hingegangen? Ich ſah', daß er Ihnen ein Billet zeigte.

Graf. Wo er hingegangen iſt? Mir däucht, er hat gewiſſe Geſchäfte zu beſorgen.

Baronin. Geſchäfte? Ey, der iſt der rechte Geſchäftsmann, der! Nein, nein! es iſt ſicher etwas andres.

Graf. Ich habe wirklich den Zettel nicht recht angeſehen. Vielleicht war's auch eine Spielpartie.

Baronin. So zeitig? Es iſt ja kaum fünf Uhr! Nur heraus mit der Sprache, Herr Graf! Ich ſah' es wohl, was Sie für eine bedenkliche Miene machten, als er Ihnen das Billet zeigte. Und dann muß ich Ihnen noch ſagen, daß ich die Worte recht gut verſtanden habe, die Sie für Sich murmelten, als er weg‑ ging. — Vermuthlich iſt er zu einer von den Nymphen gegangen, mit denen er vorige Nacht geſchwärmt hat. Meinetwegen! Ich liebe ihn

D

zu wenig, als daß ich deswegen eifersüchtig seyn
sollte.

Graf. Desto schlimmer für den armen
Baron!

Baronin. Aber sagen Sie selbst, macht
er's nicht darnach?

Graf. Haben Sie Geduld mit ihm,
gnädige Frau! Er ist noch zu sehr Kind, um
den ganzen Werth seiner liebenswürdigen Gattin
zu fühlen — Verzeih'n Sie, gnädige Frau,
wenn ich mich etwas zu frey über einen Mann
ausdrücke, der das Glück hat, Ihnen anzuge-
hören.

Baronin. O ich bitte, geniren Sie Sich
nicht! — So viel kann ich Ihnen im Vertrauen
sagen, ich werde die längste Zeit bey ihm gewesen seyn.

Graf. Aber was wird die Welt davon
sagen, wenn Ihro Gnaden Sich von ihm trennen? Sie sind erst seit kurzem verheirathet.
Jedermann, der Sie kennt, bethet Sie an. Jedermann ist von Ihrem Verstande bezaubert.

Wird alſo die ganze Schande dieſer Trennung
nicht auf den armen Baron fallen?

Baronin. Ey, mag ſie doch!

Graf. Er verdient es, das kann ich nicht
läugnen; aber ich fürchte, ich fürchte, daß auch
ein Theil der Vorwürfe auf Sie zurückfallen
wird, gnädige Frau!

Baronin. Auf mich? Wie denn das?

Graf. Auf die natürlichſte Art von der
Welt. Die Baronin Flatterbach, wird man
ſagen, iſt eine Dame von ſo vielen Talenten,
von ſo umfaſſendem Geiſte, von ſo ausgebildetem
Verſtande —

Baronin. O der Herr Graf ſind zu
gütig!

Graf. Sie hätte, da ſie ihrem Mann ſo
unendlich weit an Klugheit überlegen war, doch
noch eine Weile mit ſeiner Unbeſonnenheit Nach-
ſicht haben ſollen. Bey ihrem Geiſte, bey ihrer Liebenswürdigkeit, bey ihren unwiderſtehba-
ren Reitzen —

Baronin. Herr Graf, ich verdiene alle
die ſchönen Dinge nicht!

Graf. Bey ihren seltenen Reitzen hätte
sie ihn ganz gewiß zur Vernunft gebracht. Haben
doch Weiber mit weit weniger guten Eigenschaf-
ten ausschweifende oder leichtsinnige Männer zu-
rechte gebracht, wie viel leichter müßte das also
für die Baronin Flatterbach gewesen seyn, für
eine Dame, die alle geistige und körperliche Voll-
kommenheiten in sich vereinigt! —

Baronin. In der That, Herr Graf,
Sie loben mich so ausschweifend —

Graf. Ich, Sie loben? — Doch ja,
das heißt ja so viel, als von Ihnen sprechen.
Ich wiederhole bloß das, was die ganze Stadt
von Ihnen sagt. Sie waren kaum zweymahl
öffentlich erschienen, so war schon alle Welt darüber einig, daß Sie die liebenswürdigste —

Bedient. Gnädige Frau, der Tragsessel ist da.

Baronin zum Bedienten. Sie mögen warten!
Bedienter ab.

Graf für sich. Aha, meine Medicin
wirkt!

Baronin. Also, Herr Graf, Sie meinen —

Graf. Ich meine, daß Sie Sich der ganzen Ueberlegenheit bedienen müſſen, die ein reitzendes Weib —

Baronin. Herr Graf, keine Schmeicheleyen mehr! ich bitte —

Graf. Aber ſind Sie denn etwa keins?

Baronin. Paperlapap!

Graf. Sollten Sie die einzige Perſon in der Stadt ſeyn, die das nicht wüßte?

Baronin. Das will ich aber jetzt nicht hören! Geben Sie mir lieber einen Rath, was ich mit dem närriſchen Jungen von einem Manne anfangen ſoll. — Du lieber Himmel, wenn er nur ein einziges mahl ſo vernünftig und geſcheut mit mir ſpräch', wie Sie, Herr Graf, ich glaube, er könnte mich um einen Finger wickeln!

Graf. Das glaub' ich; Sie ſind die Güte, die Großmuth ſelbſt! Ja, wenn der Baron ſeinen Vortheil verſtänd'! — Aber trennen dürfen Sie Sich doch nicht von ihm.

Baronin. Freylich möcht' ich nicht gern einen Schritt thun, der auf meinen Verſtand —

Graf. Und sollten Sie es auch nur thun,
um den alten Jungfern die Freude zu verderben.
Stellen Sie Sich vor, letzthin komme ich von
ohngefähr zur alten Komtesse Titteltattel, meiner
Großtante. Ich fand einen ganzen respectabeln
Areopag von zwölf oder vierzehn übrig gebliebenen
Mädchen, von denen die jüngste ohngefähr
zweymahl so alt seyn mochte, als wir beyde zu-
sammen. Alle waren gekleidet, wie man sich
zur Zeit der Sündfluth trug, alle hatten Bril-
len auf den Nasen, und alle waren in einem
menschenfreundlichen Gespräch begriffen, welches
sie so angelegentlich betrieben hatten, daß in der
ganzen großen Stadt kaum noch sechs gute Namen abzuschneiden übrig waren. Ich war eine
Weile stummer Zuhörer; endlich, um doch auch
etwas zu sagen: „Wissen die Damen schon,‟
fing ich an, „daß das liebenswürdige Fräulein
„Schneckenburg den Baron Flatterbach gehei-
„rathet hat?‟ — „Nun, du mein Gott!‟
nuschelte meine Großtante zwischen ihrer Brille
hervor: „die jungen Leutchen hätten auch noch
„ein fünf, sechs Jährchen warten können! Was
„kann denn aus einer so unreifen Ehe wer-

„ben?" — „Was draus werden kann?"
kollerte neben an eine alte verschrumpfte Zunge
heraus, die sich schon seit dreyßig Jahren an keinen Zahn mehr gestoßen hatte: „was draus
„werden kann? Alle Augenblicke zanken und
„necken werden sie sich, wie die Kinder, und
„ehe vier Wochen in's Land gehen, läuft das
„junge Weibchen wieder zur Frau Mama nach
„Hause." „Das geschieht auch heilig!" schrien
alle —

Baronin. Wie? Das haben die boshaften Kreaturen gesagt? Nun bleib' ich gerade!

Graf. Recht so! Lassen Sie Ihren
Mann thun, was er will, bekümmern Sie
Sich nicht um ihn, und macht er's ja zu
bunt — Mein Gott! es giebt ja tausend Mittel, wodurch sich ein junges schönes Weib für
die Unarten ihres Mannes schadlos halten kann.

Baronin. Tausend Mittel? Seufzend. Ach,
ich kenne kein einziges!

Graf. O ich könnte Ihnen einige nennen, wenn Sie mir es erlaubten!

Baronin. Wenn ich's Ihnen erlaube? Und warum sollte ich's Ihnen denn nicht erlauben? Sagen Sie mir, was Sie wollen, Herr Graf! ich höre Ihnen recht gern zu. Sie sind ein Mann von Erfahrung, und ich glaube, Sie haben auch ein gutes Herz. Ihre Unterhaltung hat mich jetzt viel ruhiger gemacht, als ich vorhin war.

Graf. Ach daß man in der Welt nicht alles thun kann, was man will! Ihre Hand an den Mund drückend. Wenn ich das könnte, gnädige Frau! wenn ich gewisse Dinge ändern könnte — dann sollte das liebenswürdigste Weib im Lande — auch das glücklichste seyn!

Baronin. Was? Ich verstehe Sie nicht, Herr Graf! — Pfui doch, lassen Sie meine Hand los! es könnte jemand kommen und — man könnte Wunder denken — Nun, da sehen Sie! Sie prallen aus einander.

Bedient. Der Herr Baron Schneckenburg will aufwarten.

Baronin. Führt ihn nur herauf! Bedienter ab. Das freut mich!

Graf für sich. Mich nicht.

Baronin. Ich werde ihm die schöne Begegnung von meinem Mann erzählen.

Graf. Beyleibe nicht, gnädige Frau! Hören Sie! Thun Sie das nicht. Ich will Ihnen schon sagen, warum. Geben Sie mir die Hand darauf.

Baronin. Nun, Ihnen zu gefallen, Herr Graf; aber Sie müssen mir auch versprechen, daß Sie mir die gewissen Mittel sagen wollen, von denen Sie vorhin sprachen.

Graf. Sobald wir wieder allein sind.

Fünfter Auftritt.

Vorige. Baron Schneckenburg, reich und geschmackvoll jugendlich gekleidet, aber ja nicht Caricatur.

Baronin. Ihre Dienerin, Herr Onkel!

Graf. Herr Baron, Ihr unterthäniger Diener!

B. Schneck. Ohne alle Komplimente, Herr Graf, und ohne Umschweife. Ich schätze mich außerordentlich glücklich, daß ich die Ehre habe Sie hier zu treffen; ein Glück, das ich nicht erwartete. Und nun erlauben Sie mir zu fragen: Täuscht mich meine Hoffnung, oder bin ich wirklich so glücklich, Sie in dem vollkommenen Wohlseyn zu treffen, worin ich Sie zu treffen wünsche?

Graf. Zu Ihrem Befehl, Herr Baron! Es geht ja ganz leidlich.

B. Schneck. Ich unterstehe mich, Ihnen zu betheuern, daß mich das außerordentlich und ungemein freuet. — Und Sie, Niece? Auch Ihnen betheure ich, daß Sie den größten Antheil an meiner ungeheuchelten Hochachtung haben, wie es denn auch Ihre ungemeinen Verdienste erheischen; so wie gleicher Weise mein würdiger Neffe, der Herr Baron Flatterbach, Ihr lieber Gemahl, den ich würde stolz gewesen seyn in so vortrefflicher Gesellschaft zu finden, und dessen Abwesenheit ich für ein Unglück für ihn und für mich halte.

Baronin heimlich zum Grafen. Ich zweifle, daß es mein Mann dafür hält.

B. Schneck. Was sagt meine Nichte Flatterbach?

Baronin. Gar nichts, Herr Onkel!

B. Schneck. Ich bitte recht unterthänig um Verzeihung. Meine Frage war freylich
ein wenig voreilig, aber es war mir, als gäben
Ihre ſchönen Lippen einige Töne von ſich —
Jetzt, Herr Graf, erlauben Sie mir, mich zu
erkundigen — eine Erlaubniß, um die ich, allen
Regeln der feinern Lebensart nach, ſchon vorhin
hätte bitten müſſen — Verzeihen Sie mir alſo
dieſen Fehler, Herr Graf, und erlauben Sie
mir, mich zu erkundigen, wie ſich die gnädige
Gräſin, Ihre vortreffliche Gemahlin, und die
ſchöne junge Dame, Ihre Komteſſe Tochter,
befinden?

Graf. Beyde vollkommen wohl, Herr
Baron, zu Ihren Dienſten.

B. Schneck. O ich bitte unterthänigſt! — Darf ich mich unterſteh'n, nach dem
Taufnamen der j u n g e n Dame zu fragen?

Graf. Gut, daß meine Gemahlin dieſe
e m p h a t i ſ c h e Diſtinction nicht hört! Sie
wiſſen wohl, die Damen bleiben heut zu Tage
immer jung.

B. Schneck. Dies ist ein Vorzug, worauf eine so schöne Dame, als die Frau Gräfin ist, vollkommen Anspruch hat. Und ich hoffe und wünsche, der Herr Graf werden mich keiner solchen Barbarey für fähig halten, daß ich's ihr, oder irgend einer Dame in der Welt, streitig machen wollte. Indessen aber unterstehe ich mich, zu behaupten und zu betheuern, daß es in der Natur gegründet ist, daß die Mutter immer älter seyn muß als die Tochter, daß also die Tochter, im Gegensatz der Mutter, vollkommen gut die junge Dame genannt werden kann. Verzeih'n Sie meine Spaßhaftigkeit, Herr Graf!

Graf. O recht gern. Aber was wollen Sie eigentlich mit dem Taufnamen meiner Tochter anfangen?

B. Schneck. Ach! mit feurigen Buchstaben in mein Herz eingraben will ich ihn, wenn sich anders dieses Herz würdig machen kann, mit einer solchen Inschrift zu prangen. Es ist für einen Liebhaber so etwas Süßes, den Vornamen seiner Schönen zu wissen, ihn im Innern seines Herzens zu tragen; und ich begehre und ersuche,

von nun an als der erklärte Liebhaber Ihrer liebenswürdigen Tochter von Ihnen, Herr Graf,
betrachtet zu werden.

Baronin. Wie? Herr Onkel! Sie
der Liebhaber von der Komteſſe Luiſe? Für ſich.
Wenn ich länger bleibe, ſo lach' ich ihm noch
überlaut unter die Naſe.

B. Schneck. Ja, Niece Flatterbach!
ihr Liebhaber, wie Sie mich hier ſeh'n; und
ich unterſtehe mich zu behaupten und zu betheuern, ihr aufrichtiger und zärtlicher Liebhaber.

Graf. Sie erweiſen mir und meiner
Tochter viel Ehre, Herr Baron!

B. Schneck. Ich bitte unterthänig!
Alſo Luiſe! Komteſſe Luiſe! Ihre Güte, Herr
Graf, bewegt und rührt mich auf's innigſte,
und ich unterſtehe mich zu behaupten und zu
betheuern, mein Herz, ſeufzend — wenn ich anders von einem Dinge, das ſeiner Natur nach
ſo unſicher und ungewiß iſt, mit einiger Gewiß-
heit ſprechen darf — mein Herz — denn, ach!
welcher Sterbliche kann wohl für ſein Herz
ſtehn? — mein Herz alſo — Er ſtockt und bleibt
nachdenkend ſtehn.

Baronin leise zum Grafen. Nun wenn er aus dem Wirrwarr von Worten herauskömmt, so ist's ein großes Wunder.

B. Schneck. Mein Herz, sag' ich, bemüht sich, seine Freyheit, deren es so lange beraubt war, aus keiner andern Ursache wieder zu erlangen, als um sich sogleich wiederum freywillig in die Gefangenschaft der Reitze der schönen Komtesse Luise zu begeben.

Baronin. Wie ich sehe, Herr Onkel, gilt eigentlich Ihre Visite hier jemand anderm als mir.

B. Schneck. Nein, nein, nein, Niece Flatterbach! auf Ehre nicht. Da ich unmöglich wissen konnte, daß ich den Herrn Grafen hier anzutreffen das Glück und die Ehre haben würde, dem ich nachmahls absonderlich und apart meine Aufwartung zu machen mir die Freyheit nehmen wollte, so untersteh' ich mich zu behaupten und zu betheuern, daß dieser Besuch Ihnen ganz allein gilt, Niece Flatterbach.

Baronin. Aber ich glaube, Sie haben etwas mit dem Herrn Grafen unter vier Augen zu reden. —

Graf. O, ich bitte! — Wir können ja in mein Kabinet geh'n. Warum ſollen wir Sie deswegen aus Ihrem Zimmer vertreiben?

Baronin. Bleiben Sie immer — Ich wollte ohnedies hinüber zu den Damen geh'n. Es iſt eine Ewigkeit, daß ich ſie nicht geſehn habe. ꝛc.

Sechster Auftritt.
Graf Mittelburg. Baron Schneckenburg.

Graf. Ich habe Ihrentwegen mit meiner Tochter geſprochen, Herr Baron!

B. Schneck. Die außerordentliche Ehrfurcht, die ich für Sie, Herr Graf, hege, läßt es zwar nicht zu, daß ich die Maßregeln table, die Ihre Klugheit — als von welcher ich den größten Begriff habe — zu nehmen für gut fand; aber erlauben Sie mir, zu bemerken, daß es ein wenig zu ſchleunig, zu zeitig —

Graf. Wie? Sie ſind ein ſonderbarer Liebhaber, Herr Baron! Zu zeitig?

B. Schneck. Der Herr Graf müſſen wiſſen, daß ich ein Mann bin, der die Methode liebt.

Graf. Nun ja, das glaub' ich; aber Sie erklärten mir Ihre Absicht auf eine Art —

B. Schneck. Der Herr Graf müssen mich nicht unrecht verstehn. Ich unterstehe mich zu versichern und zu betheuern, daß in der ganzen Christenheit kein Mann ist, dem mehr daran liegt als mir, von der reitzenden und liebenswürdigen Komtesse Luise mit einem nicht ganz gleichgültigen Auge betrachtet zu werden: aber dem ohngeachtet, Herr Graf — ich muß Ihnen aufrichtig gestehn — und Aufrichtigkeit ist von jeher meine Lieblingstugend gewesen — daß mein armes Herz — ach! — in einer sehr kritischen mißlichen Lage ist.

Graf für sich. Was will denn der Dumm-kopf? — Laut. Wenn das ist, so thut es mir leid, daß ich meiner Tochter etwas gesagt habe! Ich glaubte, Sie wären entschlossen —

B. Schneck. Nun ja doch, liebster Graf, ich bin ja entschlossen! das heißt, mein Wille ist entschlossen. Aber, Herr Graf, ich unterstehe mich zu behaupten und zu betheuern, daß das Herz und der Wille zwey ganz verschie-dene Dinge sind.

Graf. Ich wünſchte, Herr Baron, daß wir uns verſtänden. Sagten Sie mir nicht ſelbſt, daß Sie mit der Wittwe Palmer gebrochen hätten?

B. Schneck. Ja, Herr Graf! wenigſtens hoffe und glaube ich's.

Graf. Und daß Sie auf meine Tochter Abſichten hätten?

B. Schneck. Und das unterſteh' ich mich auch noch bis auf dieſen Augenblick zu behaupten und zu betheuern.

Graf. Nun! Alſo! Wiſſen Sie wohl, Herr Baron, daß man mit einem Mädchen von gutem Hauſe und Namen keinen Scherz treiben darf?

B. Schneck. Ich dächte, Herr Graf, das Scherztreiben wäre eben des Baron Schnekkenburgs Hauptfehler nicht; wenn Sie das von mir glauben, ſo thun Sie mir ſehr Unrecht. Ich bitte und erſuche Sie recht ſehr, Herr Graf, zu bemerken, und nicht zu vergeſſen, daß ich das Unglück habe, ein entſetzlich hitziges, oder vielmehr ſtürmiſches Temperament zu beſitzen.

E

Graf. Ich wollte Sie ganz und gar nicht beleidigen, Herr Baron.

B. Schneck. Nun, nun! Sie sind der Vater meiner Angebetheten, und ich bin schon wieder gut; dieser Gedanke schlägt meinen Muth nieder — Aber dieses Weib — Frau von Palmer mein' ich — Ach! es war einst eine Zeit, wo ich thöricht genug war, sie für einen Engel zu halten! Aber die traurige Erfahrung hat diesem Herzen gezeigt, daß sie n u r ein Weib ist. — Dieses Weib also hat mir meinen Abschied noch nicht in aller Form gegeben, und so lange das noch nicht geschehen ist, halt' ich mich in meinem Gewissen, allen strengen Grundsätzen der Ehre zu Folge, verbunden und verpflichtet, keinem andern Frauenzimmer Anträge zu machen.

Graf. Herr Baron, mir kömmt's vor, als hätten Sie immer noch ein Auge auf die Wittwe.

B. Schneck. Der Himmel bewahre mich! Nicht mehr seh'n will ich den Basilisken. Schriftlich will ich meinen Abschied von ihr fordern, und schriftlich, und mit eigener Hand muß sie mich in bündigen, deutlichen und rechtskräftigen Aus-

drücken aller Verſprechungen entlaſſen, die ich
ihr jemahls gethan habe.

Siebenter Auftritt.

Vorige. Frau von Palmer.

Ein Bedienter öffnet die Thür, ſie tritt herein.

B. Schneckenburg tritt erſchroken zurück.

Fr. v. Palm. Ich bitte um Verzeihung,
Herr Graf! Ihr Bedienter ſagte, die Frau
Baroneſſe ſey hier.

Graf. Ich freue mich ſehr, daß ich ſo
glücklich bin. Für ſich. Ich wollte auch, ſie wär'
anderswo. Laut. Sie war noch vor fünf Minuten hier. Zum Bedienten. Geht, ſagt es der Frau
Baroneſſe! Bedienter ab.

Fr. v. Palm. Ich komme eigentlich, um
ſie in's Theater abzuhohlen. — Hilf Himmel,
Herr Baron! ſind Sie es, oder iſt's Ihr Geiſt?—
Sie müſſen wiſſen, Herr Graf, der Herr Baron
iſt, mit Reſpect zu ſagen, mein Liebhaber.

B. Schneck. ſchleicht hervor, und macht eine
gravitätiſche Verbeugung. Er war leider einmahl Ihr
Liebhaber.

E 2

Fr. v. Palm. Er war's? Also nicht mehr? Ueber den lieben Flattersinn!

Graf leise zum Baron. Machen Sie Sich aus dem Staube!

B. Schneck. Unmöglich, Herr Graf! Ihr Anblick entzückt, versteinert mich; ich bin auf den Boden genagelt.

Graf. Dacht' ich's doch! Rinaldo in den alten Fesseln.

Fr. v. Palm. Ich glaube gar, Herr Baron, der Herr Graf ist Ihr geheimer Rath? Da haben Sie Sich gut addressirt! Er ist der meinige auch.

Bedient. Die Damen sind alle ausgegangen.

Graf. Nun da haben wir's! Darf ich Ihnen meine Begleitung anbiethen, gnädige Frau? Leise. Wenn ich sie nur weg hätte! Laut. Ich glaube, es wird gerade Zeit seyn.

Fr. v. Palm. nach der Uhr sehend. Bewahre! Um ein Seculum zu früh! Ob ich die ersten Akte sehe, oder nicht; ich gehe ohnedies des Stücks wegen niemahls in's Theater. Sie müssen wissen, Herr Graf, ich warte nicht gern auf etwas, und deswegen komm' ich zu allen Luſtbarkeiten nicht eher, als bis ſie angegangen ſind. Nicht wahr, das iſt recht, Herr Baron? — Doch Sie muß man auch um ſo etwas fragen! — Sie ſind ein wahrer Virtuos im Warten! Ich glaube, Sie mit Ihrem Phlegma könnten bis auf den jüng- ſten Tag auf etwas warten, ohne einen einzigen Augenblick die Geduld zu verlieren!

Graf. Sie machen's aber auch ein wenig zu arg mit meinem armen Freunde, Madam!

B. Schneck. O Herr Graf, das iſt nur, ich getraue mich zu behaupten und zu be- theuern, eine ganz kleine Kleinigkeit gegen alles das, was mich dieſe undankbare Schöne hat er- dulden laſſen.

Bedient. Ihro Gnaden, der Agent läßt bitten; er hat Ihro Gnaden etwas Drin- gendes zu ſagen.

Graf. Ich komme gleich! — Zur Wittwe heimlich. Geben Sie dem armen Teufel den Laufpaß.

Fr. v. Palm. Ich werd' ihn wahrhaftig nicht halten! Sie werden doch nicht glauben, daß es mir Ernſt mit dem Narren iſt?

Graf. Frau von Palmer, Herr Baron, Sie werden mich entschuldigen. Ab.

Achter Auftritt.

**Frau von Palmer. Baron Schnecken-
burg.**

B. Schneck. nachrufend. Geniren Sie Sich nicht, Herr Graf! Ich wollte ohnedies auch gehn.

Fr. v. Palm. Nun? Sie werden doch nicht so unartig seyn, und mich allein lassen? Kommen Sie, setzen Sie Sich zu mir; sagen Sie mir etwas Geistreiches vor.

B. Schneck. Ach Madam! meine geistreichen Einfälle hatt' ich nur in jenen glücklichen Tagen:

Als Amarillis noch mein heißes Seufzen hörte,
Und kühlte meine Liebesgluth,
Als in den Augen sich bey mir die Lieb' empörte,
Da regte sich die Dichterwuth.

Fr. v. Palm. Was der Guguck! Ich habe nicht gewußt, daß Sie ein so vortrefflicher Poet sind.

B. Schneck. O, die Musen, Madam, die Musen sind mit ihren Gunstbezeigungen nicht halb so karg gegen mich gewesen, als eine gewisse andere Dame, die ich nicht nennen will!

Fr. v. Palm. Pfui doch, Herr Baron! Wer wird denn so aus der Schule schwatzen?

B. Schneck. O den neun Schwestern des Helicons kann man schon ohne Gefahr so etwas nachreden! Sie haben ja das Privilegium der immerwährenden Jungferschaft! — Verzeihen Sie meiner Spaßhaftigkeit. He, he, he!

Fr. v. Palm. Aber lassen Sie mich doch auch hören, was Sie mir in Prosa zu sagen haben.

B. Schneck. Ich hätte Ihnen sehr vieles zu sagen, aber diese unvermuthete — ja ich unterstehe mich beynahe zu behaupten — unverhoffte Zusammenkunft hat mich so sehr in Verwirrung gesetzt, daß ich nicht weiß, wo ich anfangen soll.

Fr. v. Palm. Das ist seltsam! Ich weiß wohl, daß Sie sonst immer nicht wissen, wo Sie aufhören sollen — Wissen Sie was? so fangen Sie lieber gar nicht an.

B. Schneck. Ja, Madam! Ich muß anfangen, und ich will anfangen! Der Wurm, den Sie so lange traten, krümmt sich endlich.

Fr. v. Palm. Um Vergebung! Meinen Sie den Wurm in Ihrem Kopfe, Herr Baron?

B. Schneck. Keine Sarkasmen, wenn ich bitten darf! Die Sache ist ernsthaft, und ich ersuche Sie, mich mit Geduld anzuhören.

Fr. v. Palm. Nun, so machen Sie's so kurz als möglich!

B. Schneck. Ich hatte mir vorgenommen, Ihnen die Gesinnungen meines Herzens in einem Briefe zu offenbaren.

Fr. v. Palm. Wenn Sie im Schreiben weniger umständlich sind, als im Sprechen, so wünschte ich, daß Sie es gethan hätten.

B. Schneck. Aber da es die Gelegenheit so gefügt hat, daß ich das Glück und die Ehre habe, mit Ihnen unter vier Augen sprechen zu können, — ein Glück, das ich, wie ich schon vorhin die Ehre hatte zu bemerken —

Fr. v. Palm. Aber mein Gott, Herr Baron! das gehört ja alles nicht zur Sache!

B. Schneck. Wenn Sie mir auch immer in's Wort fallen, Madam —

Fr. v. Palm. Wenn Sie aber auch ſo aus-
hohlen, Herr Baron!

B. Schneck. Nun ich will kurz ſeyn.
Ich hab' Ihnen den Hof gemacht, Madam;
damit will ich ſo viel ſagen, als, ich habe mich
auf anſtändige, und einem Mann von Ehre ge-
ziemende Art um Sie beworben, und das durch
ganze lange ſechs Monate hindurch —

Fr. v. Palm. Wenn Sie dieſe ſechs Monathe
lang gefunden haben, ſo können Sie Sich vorſtel-
len, wie lang ſie mir erſt müſſen vorgekommen ſeyn.

B. Schneck. Um Vergebung, das Wort
lang iſt nur ſo eine Redensart — alſo durch
ganze ſechs Monathe hindurch, wenn Sie es ſo
lieber hören — und während dieſer ganzen Zeit
haben Sie mir alle mögliche Aufmunterung
gegeben —

Fr. v. Palm. Aufmunterung? Springt auf.
O ihr Schutzgeiſter der Keuſchheit, beſchirmt
mich! Aufmunterung, Herr Baron? Von welcher Art denn, wenn ich fragen darf?

B. Schneck. Madame verzeihen; ſo wie
ſie mit der Sittſamkeit beſtehen konnte; ſo wie ſie

die tugendhafteste Ihres Geschlechts dem treusten und inbrünstigsten Liebhaber — und ich unterstehe mich zu behaupten und zu betheuern, daß ich ein solcher war — dem inbrünstigsten Liebhaber nur immer geben kann.

Fr. v. Palm. Ah! Nun versteh' ich Sie! Weiter!

B. Schneck. Einige Zeit also war ich so glücklich von der huldreichen Aufnahme, deren Sie mich würdigten, auf einen glücklichen Ausgang aller meiner Wünsche schließen zu können. Aber, ach! — plötzlich verschwand die Sonne meiner Hoffnung.

Fr. v. Palm. Aber wie, wenn sie sich hinter eine Wolke verkrochen, wenn sie Versteckens mit Ihnen gespielt hätte, Herr Baron?

B. Schneck. O nein, Madam! Glauben Sie denn, daß ich mich gar nicht auf die Astronomie der Liebe verstehe? Eine völlige totale Sonnenfinsterniß war's. Meine Visiten wurden nicht angenommen, meine Briefe nicht beantwortet, meine Seufzer verschmäht, verlacht, und Ihre Thür wurde endlich gar für mich verschlossen.

Fr. v. Palm.   O Sie armer unglücklicher Koridon, Sie! Und das alles hätte ich Ihnen gethan?

B. Schneck.   Ja, Madam! Sie mir. Als ob Sie das nicht recht gut wüßten, Tyrannin meines Herzens — Aber jetzt, Madam, möcht' ich die Ursachen dieser Behandlung wissen.

Fr. v. Palm. Die Ursache? Hm! Wer wird auch so wenig galant seyn, von einem Weibe Ursachen ihrer Handlungen zu verlangen!

B. Schneck.   Nun so bleibt mir also nichts anders zu verlangen, oder — verzeihen Sie mir den übereilten Ausdruck — zu bitten übrig, wollt' ich sagen, als — als von Ihren schönen Lippen mein Endurtheil zu vernehmen.

Fr. v. Palm.   In den ersten zehn Jahren, Herr Baron, werd' ich wohl schwerlich heirathen.

B. Schneck.   Das iſt eine sehr unbestimmte Antwort, Madam! ich bitte Sie demüthigſt um eine bestimmtere.

Fr. v. Palm.   Was fällt Ihnen denn auf einmahl ein?

B. Schneck. Eine bestimmtere, eine entscheidendere Antwort, Madam; ich bitte unterthänigst!

Fr. v. Palm. Hören Sie, ich fange beynahe an eifersüchtig zu werden. Ich will wetten, ich habe eine Nebenbuhlerin bekommen. He, treuloser Schmetterling! Wie oft hast du mir ewige Treue geschworen! Mit Karicatur. Und ich armes, getäuschtes, betrogenes Weib, glaubte dir! Sie hat alle Mühe, das Lachen zu verbergen.

B. Schneck. Erlauben Sie mir, Madam, Ihnen demüthigst vorzustellen —

Fr. v. Palm. Was konnt' ich aber auch anders von einem solchen leichtsinnigen Menschen erwarten?

B. Schneck. Ich? Leichtsinnig? Nein, Madam! Da muß ich Ihnen geradezu widersprechen! Ich bitte meiner Kühnheit wegen unterthänigst um Verzeihung! Leichtsinn war nie des Baron Schneckenburgs Fehler. — Aber jetzt bitt' ich Sie zum letztenmahle: ich sage, zum letztenmahle, haben Sie die Gnade und die Gewogenheit —

Er geht bey diesen Worten mit vielen Bücklingen auf sie zu, und will sie bey der Hand fassen, ergreift aber ihren Fächer, den sie ihm in der Hand läßt.

Neunter Auftritt.

Vorige. Die Baronin.

Fr. v. Palm. Ums Himmels willen, liebste Baronin, kommen Sie mir zu Hülfe! Mit Ihrem Onkel ist nicht auszukommen. Wahrhaftig man kann kaum mehr sicher mit ihm allein seyn!

Baronin. Ey, ey, Herr Onkel!

B. Schneck. Niece Flatterbach, glauben Sie —

Fr. v. Palm. Sie wollen es wohl läugnen? Haben Sie meinen Fächer nicht noch in der Hand? Haben Sie's nicht selbst geseh'n, Frau Baronin, wie er mich verfolgt hat? Ich glaube gar, er wollte mich küssen. *Beyde lachen beyseite.*

B. Schneck. Sie küssen? Verzeih'n Sie meiner Freyheit, Madam! aber da muß ich Ihnen geradezu widersprechen. Ich unterstehe mich zu behaupten und zu betheuern, daß das Küssen eine Freyheit ist, die sich der Baron Schneckenburg noch bey keinem sterblichen Frauenzimmer auf Erden herausgenommen hat, seit er Gutes vom Bösen zu unterscheiden weiß. Aber jetzt, Madam, wiederhohl' ich meine Bitte: Entlassen

Sie mich in Gegenwart meiner Niece Flatterbach
förmlich und feyerlich aller Gelübde und Versprechungen, die ich Ihnen jemahls gethan habe.

Fr. v. Palm. Das muß ich erst überlegen,
Herr Baron! Ueberdies ist's eine Frage, ob ich
Sie für mich allein davon entbinden kann. Glauben Sie nicht, daß Amor jeden Ihrer Seufzer,
jedes Ihrer Gelübde in sein großes Protokoll ein-
getragen hat?

B. Schneck. Ich bestehe auf meine Ent-
lassung, Madam!

Fr. v. Palm. Ich muß erst meinen Advoca-
ten fragen, ob ich sie Ihnen ohne meinen Nach-
theil geben kann.

B. Schneck. Ich unterstehe mich zu versichern und zu betheuern, Madam, daß ich Sie
gar nicht mehr kenne.

Fr. v. Palm. Sehr natürlich, Herr Baron!
weil Sie mich jetzt mit treulosen verrätherischen
Augen anseh'n.

B. Schneck. Niece Flatterbach! Helfen
Sie mir diese hartherzige Schöne erweichen.
Jetzt, Madam, zum letzten, aber zum letzten

mahle; haben Sie die Gewogenheit, und geben Sie mir meinen Abschied — Und das, Niece Flatterbach, ist eine Gewogenheit, die mir noch keine sterbliche Schöne auf Erden verweigert hat.

Baronin *für sich.* Das glaub' ich gern.

Fr. v. Palm. Nicht wahr, ich soll Sie zur Untreue privilegiren? Aber das werd' ich bleiben lassen.

B. Schneck. Weil Sie mich denn auf's Aeußerste treiben — Hiermit kaffire ich alle meine Versprechungen.

Fr. v. Palm. Das können Sie nicht!

B. Schneck. Entsage Ihrer Herrschaft —

Fr. v. Palm. Das wollen wir sehen!

B. Schneck. Und nun, Madam, entfernt sich meine Person und mein Herz.

Fr. v. Palm. O Ihr Herz bleibt hier, dafür steh' ich Ihnen!

B. Schneck. Nein, Madam, ich gehe, es einer jungen Schönen darzubringen, die den wenigen Werth, den es hat, — ich bitte dieses Ausdrucks wegen demüthig um Verzeihung — besser zu schätzen weiß als Sie! — Und damit

bin ich, mit aller schuldigen Hochachtung und
Ehrfurcht, Ihr unterthäniger, obwohl ver-
schmähter, ergebenst-gehorsamster Diener! Niece
Flatterbach, ich gebe mir die Ehre Ihnen einen
guten Abend zu wünschen! Mit vielen Bücklingen ab,
beyde Damen lachen aus vollem Halse.

Fr. v. Palm. Wer mag denn wohl die glückliche Schöne seyn, der er sein Herz darbringt?

Baronin. So viel ich weiß, ist's die
arme Komteſſe Luiſe.

Fr. v. Palm. Das gute, liebe Kind! Wieder
ein armes unglückliches Schlachtopfer der leidigen
Familienrückſichten! Wenn ich das gewiß wüßte,
ſo zög' ich den albernen Tropf — mit allem Reſpect von Ihrem Onkel geſprochen — noch ein
Jahr lang bey der Naſe herum, um ihr ihn vom
Halſe zu ſchaffen.

Baronin. Aber das würde ſich mit Ihren Abſichten auf den Hauptmann Mittelburg
nicht ganz gut vertragen.

Fr. v. Palm. O liebſte Freundin, wenn ich
daran denke, ſo vergeht mir alle Luſt, den
Baron zum Beſten zu haben! Ich fürchte, ich
fürchte, dieſe Abſichten werden ſcheitern! Der

Graf, der, wie ich merke, ein Mann voller
Projecte ist, hat mir nicht undeutlich zu verstehen gegeben, daß Er eine Verbindung zwischen
mir und seinem Sohne gern sähe. Aber der
Hauptmann hat sich noch nicht bey mir sehen lassen.
Sie wissen wohl nicht, ob irgend etwas vorgefallen
ist, daß meinem Plane vortheilhaft seyn könnte?

Baronin. Nichts, gar nichts! Die ganze
Familie ist überhaupt sehr zurückhaltend, außer
dem Grafen, der ist der offenherzigste von allen.

Zehnter Auftritt.

Vorige. Baron Flatterbach.

B. Flatt. O Frau von Palmer! Ich
habe die Ehre Ihre schöne Hand zu küssen.

Fr. v. Palm. O Herr Baron, Sie haben
einen großen Spaß versäumt! Baron Schneckenburg war hier.

B. Flatt. Nun, und was sagte denn
Onkel Parenthese?

Fr. v. Palm. Stellen Sie Sich vor: er ist
mir untreu geworden. Nun muß ich leider als
Wittwe sterben.

F

B. Flatt. Sie werden ihm untreu geworden seyn? — Ah — Frau Baronin! Ich erstaune, Sie hier zu finden! Ich glaubte Sie schon seit einer Stunde bey Ihrem Papa, um ihm zu klagen, daß sich der böse Baron Flatterbach gar nicht ein bißchen wollte von Ihnen hudeln lassen — Ja, ja, gnädige Frau! als ich vorhin wegging, war sie im ganzen Ernste gesonnen, von mir zu laufen.

Baronin. Und Sie sehen, was ich von meiner Gutherzigkeit für Dank habe!

B. Flatt. O ich bin Ihnen unendlich dankbar, daß Sie geblieben sind! — Was für einen unglücklichen Mann hätten Sie können aus mir machen!

Baronin zur Wittwe. Sie bemerken doch, daß das Witz seyn soll?

Fr. v. Palm. Aber sagt mir, Leutchen, soll ich denn bey eurer geistreichen Unterhaltung bloß stumme Zuhörerin seyn?

B. Flatt. Meine Schuld ist's nicht! Sie sehen, meine theuerste Gemahlin läßt mich ja selbst nicht zum Worte kommen.

Baronin. Ey ja doch! Wenn Sie Sich nicht selbst so gern hörten!

B. Flatt. Nicht halb so gern, als Sie Sich hören.

Fr. v Palm. Nun bin ich des Zankens überdrüſſig — Frau Baronin, ich kam eigentlich her, um Sie in's Theater abzuholen.

Baronin. Von Herzen gern! Ich bin zu Ihren Dienſten, wo Sie hin wollen, wenn ich nur nicht zu Hauſe bleiben darf.

B. Flatt. zur Wittwe. Nun da ſehn Sie, was ich für ein glücklicher Ehemann bin! — Madam, wenn anders eine ſolche Ehre für Ihren unwürdigen Sklaven nicht zu groß iſt, ſo bitt' ich, daß Sie zu Hauſe bleiben und mir dieſen Abend die Ehre Ihrer Geſellſchaft gönnen.

Baronin. Um Vergebung, mein Herr, das kann nicht ſeyn!

B. Flatt. Um Vergebung, Madam, das muß ſeyn!

Fr. v. Palm. Hilf Himmel; Herr Baron, Sie werden doch nicht im Ernſte zanken! Hätt'

ich doch nichts gesagt! Wissen Sie was? Die
Lust, in's Theater zu geh'n, ist mir schon ver-
gangen; es ist auch ohne dies zu spät. Ich will
bey euch bleiben und plaudern. Wir können auch
wohl eine Partie Tarok spielen.

B, Flatt. O bey Leibe nicht, Madam!
Warum soll Sie der kindische Eigensinn meiner
Frau um eine Unterhaltung bringen, die Sie
Sich auf diesen Abend zugesagt hatten? Ich werde
die Ehre haben, Sie in's Theater zu begleiten.

Fr. v. Palm. Und die Ehre sollen Sie nicht
haben. Ich nehme nunmehro durchaus keines von
euch beyden mit! Und hiermit guten Abend! ab.

Baronin. Nun, da haben Sie Sich
wieder einmahl schön lächerlich gemacht!

B. Flatt. Um Vergebung, ich habe dich
nur von der vortheilhaftesten Seite zeigen wollen.

Baronin. Wenn nicht wenigstens Eines
von uns Ueberlegung genug hätte, zu rechter Zeit
an sich zu halten —

B. Flatt. Und dieses Eine von uns
sollen vermuthlich Sie seyn? Aber damit Sie
sehen, daß ich auch ein wenig Eines von uns

bin, so will ich Sie Ihren angenehmen Betrach-
tungen überlassen, und der reitzenden Palmer in's
Theater folgen. Adieu, schönes Weibchen! ab.

Baronin. Schon gut, Herr Baron! —
Ich werde doch auch einmahl lernen, wie ich mich
für Ihr übles Betragen schadlos halten kann.

Eilfter Auftritt.

Die Baronin. Der Graf.
In der Folge die Gräfin.

Graf. Ist Ihre Gesellschaft schon fort,
gnädige Frau? — Aber Sie sind ja schon wieder
so mißmüthig!

Baronin. O es ist nicht länger mit meinem Manne auszuhalten, Herr Graf!

Graf. Ist er wieder nach Hause gekommen?

Baronin. Und auch schon wieder ausgegangen. Er war unartiger als jemahls gegen
mich. Es thut mir leid, Herr Graf, daß ich
mich gezwungen sehe, Ihr Haus, in welchem
ich so viele Gefälligkeiten genossen habe, so bald
wieder zu verlassen; aber es ist mir nicht möglich,
länger bey meinem Manne zu bleiben.

Graf. Der Herr Baron verdient nicht, einen solchen Schatz länger in seinem Besitz zu haben, es ist wahr; aber, ach! die Strafe, die Sie ihm bereiten, trifft nicht ihn allein.

Baronin. Wie meinen Sie das, Herr Graf?

Graf. O ich könnte Ihnen jemanden nennen, den Ihre Entfernung von hier zum unglücklichsten Menschen in der Welt machen würde!

Baronin. Und wer könnte denn das seyn, Herr Graf?

Graf. Wenn ich mich nun selbst nennte?

Baronin. O, Herr Graf, Sie sind gar zu gütig! Ihre Freundschaft für mich —

Graf. Nur Freundschaft, gnädige Frau? Das Gefühl eines Mannes, der Schönheit zu schätzen weiß, gegen ein junges reitzendes Weib, wie Sie, wär' nur Freundschaft?

Baronin. Ganz gewiß Freundschaft! Was sonst?

Graf. Soll ich's Ihnen sagen?

Baronin. Nein, ich verlange es nicht zu wissen!

Graf. Liebe, Liebe ist's! Das ist doch wohl ein süßerer Ausdruck?

Baronin. Den ich kaum dem Namen nach kenne.

Graf. Wenn ich doch Ihr Lehrmeiſter ſeyn dürfte! Wenn Sie mir erlaubten, Sie in einer Wiſſenſchaft zu unterrichten, deren ſich der Herr Baron ſo unwürdig macht!

Baronin. Ach, Herr Graf, wenn ich Sie hätte kennen lernen, ehe ich verheirathet war, und ehe Sie verheirathet waren! — Aber nun iſt's zu ſpät.

Graf. Nicht zu ſpät, Liebe! — Die Bande der Ehe ſind nichts, wenn die Herzen nicht einſtimmig ſind. Sympathie der Herzen allein iſt's, die jene Bande unzertrennlich macht!

Baronin. Allerdings iſt das die Hauptſache.

Graf. Meine Gräfin, zum Beyſpiel, iſt ein recht gutes Weib, die ich auch nach Verdienſt ſchätze, aber dabey iſt kein Schatten von Liebe; von dieſer Seite alſo betrachte ich mich als völlig ledig. Ihr Verhältniß mit dem Herrn Baron iſt noch auffallender. Nicht genug, daß er Sie nicht liebt, hat er auch nicht die geringſte Achtung für Sie. Sie ſind alſo in allem Verſtande frey.

Baronin. Ich wünschte, das wär' wahr! *seufzend.*

Graf. Wenn ich nicht ganz vollkommen davon überzeugt wär', würde ich wohl Ihre Neigung zu gewinnen suchen? Hieß das nicht, mir den Pfeil noch tiefer in's Herz stoßen?

Baronin. In der That, Herr Graf, mir kömmt's selbst so vor.

Graf. Wir wollen also einander wechselseitig trösten. *Er nimmt sie bey der Hand, die Gräfin erscheint an der Thür, fährt aber gleich wieder zurück.* Ich habe Ihnen so tausenderley Dinge zu sagen: die entzückende Materie, auf die wir eben gekommen sind, ist so reichhaltig, so unerschöpflich! — Aber hier wird man immer gestört.

Baronin. Freylich! Der Baron ist ein solcher Irrwisch; man ist keine Minute vor ihm sicher.

Graf. Wissen Sie was? Wie, wenn wir an einem dritten Orte —

Baronin *tritt zurück.* Herr Graf!

Graf. Was fahren Sie denn so zurück? — Sie erinnern Sich doch noch der ältlichen Dame,

die letzthin bey uns in der Loge ſaß? — Es war
die Frau von Liebenwald; ein ſehr würdiges
Frauenzimmer! Bey dieſer will ich Sie aufführen, und dort können wir einander ſo oft ſprechen
als wir wollen. Es iſt immer viel Geſellſchaft
bey ihr; um deſto weniger fallen unſere Zuſam-
menkünfte auf.

Baronin. Das ging an, ſobald mehr
Geſellſchaft dort iſt. Aber wenn mein Gemahl —

Graf. Ey, der darf nichts davon erfahren, ſonſt bringt er ſich auch ein! Alſo, ſo weit
wären wir richtig. — Jetzt wollen wir hinunter zu den Weibern gehn, damit unſer Aus-
bleiben nicht auffällt. Geht mit ihr ab.

Gräfin allein. O Graf! Das hätt' ich
dir nicht zugetraut! Aber ich will dein Project
vereiteln. Und dadurch erzeig' ich dir eine
Wohlthat. Sey leichtſinnig wie du willſt,
aber werde nur nicht laſterhaft! ab.

———

Dritter Aufzug.

Erster Auftritt.

Zimmer in der Frau von Palmer Hause.

Hauptmann Mittelburg. Fanny Maynbach.

Hauptmann.

Ich würde Ihnen kein Wort davon gesagt haben, meine liebste Fanny, wenn ich nur im geringsten hätte vermuthen können, daß Sie so ängstlich —

Fanny. Und wollen Sie lieber, daß ich bey der Gefahr, Sie zu verlieren, gleichgültig bleiben soll?

Hauptm. Um keinen Preis der Welt, Fanny! Aber noch ist ja keine Gefahr da. Setzen Sie Mißtrau'n in mein Herz?

Fanny. Nicht das geringste. Die Schönheit und das Vermögen meiner Schwester macht mir nicht im mindesten bange. Ich kenne das Herz meines Mittelburg: ich weiß, daß er seine Fanny keinen zeitlichen Vortheilen, keinen Rücksichten aufopfern wird; aber auch nicht den Bit-

ten eines Vaters, Mittelburg? Ein Vater ver-
mag zu viel über das Herz eines edelmüthigen
Sohns.

Hauptm. Er hat mir aber ſein Wort
gegeben, wegen dieſer Sache nicht weiter in mich
zu dringen. Seyn Sie ruhig, liebe Fanny!
Sie quälen Sich ohne Urſache.

Fanny. Ich bin jetzt ängſtlicher, als
jemahls. Die geringſte Kleinigkeit kann mir
Furcht und Schrecken einjagen. Die Urſache
davon mag wohl ſeyn, weil ich mich bey meiner
Schweſter nicht mehr ſo wohl befinde als ſonſt.
Sie iſt ſeit einiger Zeit ſo kaltſinnig, ſo mürriſch
gegen mich geworden — Ich konnte erſt nicht
begreifen, warum? Aber jetzt kann ich die Urſache recht wohl errathen.

Hauptm. Hat ſie ſchon mit Ihnen von
mir geſprochen?

Fanny. Dann und wann, aber nichts
von Bedeutung. Seit des Grafen letztem Be-
ſuche hab' ich bemerkt, daß ſie etwas aufgeräum-
ter iſt als ſonſt, ob ſie gleich deswegen um
nichts freundlicher gegen mich iſt.

Zweyter Auftritt.

Vorige. Frau von Palmer.

Fr. v. Palm. *ganz verdrießlich.* Ach! ich dachte, du wär'st allein, und kam, um mit dir zu plaudern; aber wie ich sehe, hast du schon einen Zeitvertreib, ich bin also überflüssig.

Hauptm. *läßt ihr die Hand.* Frau von Palmer kann nirgends überflüssig seyn!

Fr. v. Palm. Meinen Sie? Aber doch in gewissen Fällen ungelegen kommen?

Hauptm. Nur in Einem Falle, gnädige Frau!

Fr. v. Palm. Und der wäre?

Hauptm. Wenn ein Frauenzimmer von geringerer Schönheit eine Eroberung vorhätte, und Sie kämen dazu, ihr ihren Plan zu vereiteln.

Fr. v. Palm. Ein Frauenzimmer von geringerer Schönheit? Wahrhaftig, Herr Hauptmann, ich verstehe Sie nicht! Das sieht aus wie eine Schmeicheley, ein Compliment für mich, und gleichwohl liegt auch wieder so etwas Mystisches darin — Schwester, bist du vielleicht geschickter Räthsel aufzulösen, als ich?

Fanny. Du weißt ja wohl, wie weit mein Verstand geht. Indessen scheint mir das Räthsel so außerordentlich schwer eben nicht.

Fr. v. Palm. Von einer gewissen Seite mir auch nicht; aber wenn ich's so auslege, so ist mir nur für deine Eitelkeit bange.

Fanny. O meine Eitelkeit laß dich ja nicht abhalten! Sie wird sich schon auf eine andere Art schadlos zu halten wissen.

Fr. v. Palm. Sie sehn, Herr Hauptmann, Ihre mystischen Worte haben das Schicksal aller Orakel: Jedermann macht sich die Deutung davon auf seine Art, und am Ende ist vielleicht keine die rechte.

Hauptm. Ja, gnädige Frau, meine Schuld ist's nicht! Halten Sie Sich deswegen an die Gottheit, die es mir eingab.

Fr. v. Palm. An die Gottheit? War es wirklich eine Gottheit, die es Ihnen eingab?

Hauptm. Und eine sehr mächtige, das versichere ich Ihnen!

Fr. v. Palm. Glaubst du das, Fanny?

Fanny. Noch hat mir der Hauptmann keine Ursache gegeben, in seine Aufrichtigkeit nur den geringsten Zweifel zu setzen.

Fr. v. Palm. Also meinst du, daß er verliebt ist?

Fanny. Würde er sonst von einer Gottheit reden?

Hauptm. Wenn Sie das nicht auf mein Wort glauben wollen, so seh' ich nicht ein, wem Sie es sonst glauben könnten.

Fanny. Wohl wahr, liebe Schwester! Zweifelsucht ist selten gut.

Fr. v. Palm. Allzu große Sicherheit ist eben so schlimm — Aber ich weiß auch gar nicht, wie wir auf diese alberne Materie gekommen sind. Reden wir von etwas anderm, Herr Hauptmann!

Hauptm. In einer solchen Gesellschaft ist's für einen Mann nicht so leicht, nicht von Liebe zu reden.

Fr. v. Palm. Du hast zwar das Monopolium über alle die schönen Dinge, die der Hauptmann sagt, Fanny; indessen wirst du aber doch erlauben, daß ich mir von diesem Compliment

auch einen kleinen Theil zueigne. — Ich möchte
aber doch wohl wiſſen, Herr Hauptmann, was
Ihre Geliebte dazu ſagen würde, wenn ſie Sie
ſo reden hörte?

Fanny. Sie würde ihm von ganzem Herzen
verzeihn, das getrau' ich mir zu behaupten.

Hauptm. Ich merke, meine Damen,
Sie haben Sich vorgenommen mir mein Geheimniß abzulocken, und da ich mich nicht ſtark genug
glaube, Ihrer vereinigten Macht zu widerſtehn,
ſo halte ich für's ſicherſte, mich zu entfernen. ꝛc.

Dritter Auftritt.

Frau von Palmer. Fanny.

Fr. v. Palm. War der Hauptmann ſchon
lange da, Fanny?

Fanny. Kaum eine Viertelſtunde.

Fr. v. Palm. Nun da geht's noch an.

Fanny. Was meinſt du denn damit?

F. v. Palm. Weil ich ſonſt nicht begreifen
könnte, wie ſich ein junger lebhafter Mann wie
er, mit einer ſolchen Magdalene wie du, länger
unterhalten könnte.

Fanny. Hm! Es ist nicht immer die Folge, daß wir nur die Leute am liebsten haben, die mit uns von gleichem Temperament sind. Ich zum Beyspiel, so ernsthaft ich auch bin, habe doch die muntern lustigen Leute recht gern; und so könnte auch der Hauptmann —

Fr. v. Palm. Dich auch wohl gern haben, meinst du? Du hast sehr viel Eigenliebe, Fanny! Ich wette darauf, du nimmst die Galanterien, die dir der Hauptmann vorsagt, alle für baares Geld.

Fanny. Ich glaube nicht, daß es jemanden giebt, der von meinem wenigen Werth mehr überzeugt ist, als ich es selbst bin.

Fr. v. Palm. Das freut mich, Kind! In deinen Umständen wär' die Eitelkeit auch sehr übel angebracht.

Fanny. Schwester, das war sehr ungroßmüthig von dir! Kann ich für meine Umstände? Ist's meine Schuld, daß ich nicht so reich bin wie du?

Fr. v. Palm. Du nimmst es wohl auch noch übel, wenn man dir die Wahrheit sagt? Wahrhaftig, du hast große Ursache dich über mich zu

beklagen! Ich denke, ich habe wohl auch ein
Wörtchen drein zu ſprechen, ob wir länger bey-
ſammen bleiben oder nicht.

Fanny. Ich verſtehe dich, Schweſter! Ich
habe ſchon ſeit einiger Zeit gemerkt, daß du mich
gern los wär'ſt — Ich will dich wenigſtens für
den Augenblick von meiner Gegenwart befreyn. ab.

Fr. v. Palm. allein, nach einer Pauſe. Ich ver-
fahre doch wohl ein wenig zu hart mit dem armen
Mädchen! Freylich hätte ich ohne ſie den einzigen
Mann, der mein Herz um ſeine ganze Ruhe
brachte, vielleicht niemahls kennen gelernt, aber
was kann ſie dafür? Wenn das ſo fort geht, ſo
werd' ich noch ſo mürriſch und menſchenfeindlich,
wie eine alte Jungfer. Mittelburg, Mittelburg!
was haſt du aus mir gemacht! Pauſe. Ja, ja,
ganz gewiß hat ſie mit ihm einen geheimen Lie-
beshandel! O dahinter will ich bald kommen.
Sie klingelt.

Ein Mädchen. Es iſt ſchon angeſpannt.

Fr. v. Palm. Künftig müſſen alle Briefe, die
an meine Schweſter kommen, erſt zu mir gebracht
werden. Hörſt du?

G

Mädchen. Ganz wohl, Ihro Gnaden.
Beyde ab.

Vierter Auftritt.

Zimmer des zweyten Akts.

Die Baronin, an der Toilette. Die Gräfin
tritt ein.

Gräfin. Guten Morgen, meine Liebe!
Ich störe Sie doch nicht?

Baronin verdrießlich. Ganz und gar nicht.
Ihre Gegenwart ist mir immer angenehm.

Gräfin. Damit Sie sehen, daß ich stolz
genug bin, darauf zu rechnen, habe ich hier
meine Arbeit mitgebracht.

Baronin für sich, indem sie sich setzen. Daß
du wo anders wär'st mit deiner Arbeit!

Gräfin. Ist der Herr Baron schon ausgegangen?

Baronin. Mich müssen Sie das nicht
fragen, Frau Gräfin! Ich weiß ganz und gar
nichts von ihm. Ich wollte, ich hätte in meinem
Leben nichts von ihm gewußt!

Gräfin. Das sagen Sie wohl nur im
Scherz?

Baronin. Nein, nein! Es iſt mein völliger Ernſt. Mein Mann wird alle Tage unausſtehlicher. Sie glauben nicht, wie er mich mißhandelt. Es muß auf der Welt keinen boshaftern Menſchen gegeben haben, als er iſt.

Gräfin. Hierin bin ich nicht ganz Ihrer Meinung. Für hitzig und muthwillig kenn' ich ihn, aber Bosheit hab' ich noch nicht an ihm bemerkt.

Baronin ſchnippolich. Die Frau Gräfin werden mir doch erlauben, daß ich von ſeinen Unarten am beſten urtheilen kann; da ich leider die Perſon bin, die ſie am meiſten treffen.

Gräfin. Aber, meine Freundin, bedenken Sie auch, daß man nicht Partey und Richter zugleich ſeyn kann?

Baronin. Das bin ich auch nicht. Es giebt andre Leute von Erfahrung und Verſtand, Leute, für deren Ausſpruch Sie Reſpect haben werden, wenn ich ſie Ihnen nannte, Frau Gräfin, die meinen Mann ſehr unartig, und mich ſehr unglücklich finden.

Gräfin mit einem Seufzer. Diese Leute
meinen es gewiß nicht gut mit Ihnen, liebe
Baronin! Ich wollte lieber, Sie hätten gar
niemanden zum Vertrauten Ihres Verdrusses
gemacht.

Baronin. O ich weiß wohl, es giebt
solche geduldige Schafe von Weibern, die sich
von ihren Männern mißhandeln lassen, ohne zu
muchsen; aber von dieser duldenden Gattung bin
ich nicht, Frau Gräfin! — Ich hofmeistere niemanden, aber ich will auch nicht gehofmeistert seyn.

Gräfin. Das ist auch ganz und gar nicht
meine Absicht, liebste Freundin! Nur einige
freundschaftliche Vorstellungen will ich Ihnen
machen, die hauptsächlich die Wahl Ihres
Vertrauten betreffen.

Baronin. Die Wahl meines Vertrauten?

Gräfin. Ja! Wenn zum Beyspiel eine
junge verheirathete Dame, welche Ursache zu
haben glaubte, sich über ihren Mann zu beklagen,
diese ihre Beschwerden einem Manne von Welt
anvertraute, einem Manne der — kurz — der
gegen das weibliche Geschlecht nicht gar zu delica

dächte: was glauben Sie wohl, was dieſer Mann denken würde?

Baronin. Je nun — Ich glaube, er würde denken — Er würde — Ah! was weiß ich's, was er denken würde!

Gräfin. So will ich's Ihnen ſagen. Er würde das für einen Wink halten, daß ihn dieſe Dame zu einem Tröſter erkohren hätte, der ſie für die Kränkungen ihres Mannes entſchädigen ſollte.

Baronin. Frau Gräfin, Sie ſagen mir da Dinge — Wenn mir mein Mann auch Sottiſen ſagt, ſo brauche ich ſie doch deswegen nicht von einem jeden zu ertragen.

Gräfin. Keine Sottiſen, Frau Baronin, nur Wahrheit! Ich kenne des Grafen Abſichten auf Sie!

Baronin. Seine Abſichten? Auf mich?

Gräfin. Ja ſeine boshaften — Doch nein, es iſt nicht Bosheit, es iſt nur Leichtſinn, durch Modeton verdorbene Denkungsart! Im Gewühl der großen Welt aufgewachſen, von ihren ausſchweifenden Grundſätzen genährt, hat er keinen Sinn für häusliche Verhältniſſe, und macht ſich also kein Gewissen daraus, häusliches Glück zu stören. Er sieht Sie und Ihren Mann in beständiger Uneinigkeit; er sucht Ihren Zwist zu nähren, und will im Trüben fischen; das ist's alles!

Baronin *sehr betreten.* Eine seltsame Sprache, die Sie da führen, Frau Gräfin, in der That! — Hätt' ich vorher sehn können, daß ich bey Ihnen Eifersucht erregen würde —

Gräfin. Eifersucht? Mein Gott, wie lange ist's schon her, daß mir dieses Gefühl ganz fremd ist! Nein, liebe Flatterbach! Freundschaft für Sie, Achtung für die Ehre Ihres Mannes, und die Furcht, Sie über lang oder kurz durch meinen eigenen Mann in's Unglück gestürzt zu sehen, das sind die Triebfedern, die mich zur Sprache gebracht haben! — Ich weiß, daß Sie meinem Manne schon ein Rendesvous zugestanden haben.

Baronin *erschrocken.* Wie? Er hat Ihnen das selbst gesagt?

Gräfin. Nein, das hat er nicht; aber ich weiß es. Ich kenne seine Verbindung mit der Frau von Liebenwald — O Baronin! Sie stehen am Rande eines unermeßlichen, unabseh-

lichen Abgrundes! Stoßen Sie die freundſchaft
liche Hand nicht zurück, die Sie Ihrem Ver
derben entreißen will! — In der That, liebes
Kind! Sie haben nur noch einen Schritt bis zur
unvermeidlichen Schande und Elend! Wenn Ihr
Gemahl erführe, daß Sie mit dem meinigen
eine Zuſammenkunft an einem dritten Orte ver=
abredet haben, was glauben Sie wohl, das dar=
aus entſtehen würde? Was würde er von einem
Umgange denken, der ſo geheim mit einem
Manne gepflogen würde, den Sie in Ihrem
eigenen Hauſe frey und ungehindert zu allen
Stunden des Tages ſehen und ſprechen können?
Fragen Sie Ihr eigenes Herz, ob Sie das wohl
bey Ihrem Manne und bey Ihren Freunden ver=
antworten könnten?

Baronin in äuſerſter Angſt. Ich zittere,
wenn ich daran denke, daß ich mich ſo weit ver=
geſſen konnte! — Gott im Himmel! — Liebſte
Frau Gräfin, was müſſen Sie Sich für eine
Vorſtellung von mir machen?

Gräfin. Glauben Sie mir, meine Freun=
din, ich ſehe die Sache aus dem rechten Geſichts=
punkte an. Mangel an Erfahrung und Welt=

Klugheit war es, der Sie zu dieser Unbesonnen=
heit verleitete. Sie hatten keinen Begriff von
der Schlinge, die man Ihnen legte; kein Wun=
der also, daß Sie sie nicht sah'n. Aber jetzt
habe ich Ihnen die Augen geöffnet, und jetzt ist's
Ihre Pflicht, der Gefahr auszuweichen.

Baronin. Ich will Ihr Haus noch
heute verlassen.

Gräfin. Bey Leibe nicht! Sie sind nach
der Stadt gekommen, um den Winter über bey
mir zuzubringen. Was würde Ihre Familie
denken, wenn Sie schon in den ersten vierzehn
Tagen mein Haus wieder verließen?

Baronin. Ich kann ja sagen, mein
Mann sey so unerträglich, daß ich's unmöglich
länger bey ihm aushalten könnte.

Gräfin. Und Sie wollten also wirklich
Ihre Uneinigkeit öffentlich ruchtbar werden lassen?

Baronin. Ist sie das nicht schon? Die
ganze Stadt spricht ja schon laut davon, wie mir
der Herr Graf noch gestern Abends erst gesagt hat.

Gräfin. Glauben Sie das? Die Stadt
hat mehr zu thun, als auf die Neckereyen eines
jungen Ehepaars Achtung zu geben, das erst

ſeit vierzehn Tagen vom Lande herein gekommen iſt, und das man, in den meiſten Geſellſchaften kaum dem Namen nach kennt. Ich will Ihnen einen andern Weg vorſchlagen. Ueberlaſſen Sie Sich meiner Führung nur drey Tage lang, und ich ſtehe Ihnen dafür, daß ich Sie und den Herrn Baron zu den glücklichſten Eheleuten in der Stadt mache.

Baronin. Ach, mein Gott! Sie könnten uns eben ſo leicht zu Engeln machen.

Gräfin. Es kömmt ja nur auf eine Probe an, bey der Sie ſchlechterdings nichts zu verlieren, und alles zu gewinnen haben.

Baronin. O ich weiß ſchon, Sie werden mir rathen, daß ich mir von meinem Manne alles ſoll gefallen laſſen, daß ich alles thun ſoll, was er will; aber das kann, das mag ich durchaus nicht!

Gräfin. Nun, ſo halt' ich mich in meinem Gewiſſen für verbunden, noch heute Ihrem Herrn Vater Ihre gefährliche Lage zu melden. Er mag Sie wieder nach Hauſe holen laſſen. Es thut mir freylich leid, daß ich Sie auf dieſe Art

in den Fall setze, den ganzen langen traurigen
Winter auf dem Lande zubringen zu müssen; aber
Sie sehen selbst —

Baronin. Aber was verlangen Sie denn
von mir? Was soll ich denn thun?

Gräfin. Gar nichts Schweres, sobald es
Ihnen nur Ernst ist, Sich ein ruhiges, glückli-
ches Leben zu verschaffen. Es kömmt in der Welt
alles darauf an, daß man einander versteht,
und das ist bey Ihnen und Ihrem Manne so
selten der Fall, weil es keinem von euch beyden
noch eingefallen ist, euch verstehen zu wollen.
Ihr seyd beyde noch sehr jung, folglich auch noch
sehr rasch und übereilt; im Grunde aber habt
ihr die besten Herzen von der Welt. Es fehlt
euch beyden nicht am Verstande, und trotz allen
kleinen Neckereyen haben Sie und Ihr Gemahl
einander doch von Herzen lieb. —

Baronin. Liebste Frau Gräfin! Was
könnten Sie einen nicht überreden!

Gräfin. Lassen Sie mich nur ausreden,
meine Freundin! Ihr habt beyde einen Geist des
Widerspruchs, über den nichts geht. Kein Wort
haltet ihr einander zu gute. Der Herr Baron,

ich geſtehe es, ſagt Ihnen manchmahl ziemlich
ſpitzige Sachen; ich ſtehe Ihnen aber mit meinem
Leben dafür, daß er's unter zehn mahlen kaum
zweymahl nur halb ſo arg meint, als es klingt.
Sie hingegen ſind aber auch manchmahl zu em-
pfindlich, und nehmen oft die gleichgültigſten
Dinge für Beleidigungen. Seyn Sie, meine
Freundin, etwas weniger voreilig und empfind-
lich, etwas mehr zurückhaltend und nachgebend,
das iſt am Ende das ganze Geheimniß, das Sie
glücklich machen kann. Und ſollte denn das für
eine Frau von Ihrem Verſtande und Herzen gar
zu ſchwer ſeyn?

Baronin. Wenn nur mein Mann ein
wenig artiger gegen mich wär'!

Gräfin. Das wird er gewiß. Sobald
er ſieht, daß Sie nachgiebiger und gefälliger gegen
ihn ſind, ſo ändert er ſein Betragen gegen Sie
gewiß. Und thut er's nicht, ſo haben Sie wenigſtens das Ihrige gethan.

Baronin. Nun, damit Sie ſehen, daß
es wenigſtens nicht meine Schuld iſt, daß wir ſo
mißvergnügt mit einander leben, ſo will ich —

Fünfter Auftritt.

Vorige. Baron Flatterbach.

B. Flatt. Ah, gnädige Gräfin, unterthäniger Diener! Zur Baronin. Was Teufel ist das wieder für eine verdammte Frisur? Du siehst ja aus, wie zehn Furien! Auf Ehre, eine wahre Meduse! — Wer hat dich denn so zugerichtet?

Baronin hat indessen schon wieder ein Gesicht gemacht, als hätte sie eine spitzige Antwort auf der Zunge; da sie aber die Gräfin einigemahl gestoßen hat, so hält sie an sich, und sagt mit erzwungenem freundlichen Tone: Gefällt dir meine Frisur nicht, mein Kind? so will ich den Franzosen auch morgendes Tag's abdanken.

B. Flatt. Ah, dann frisirt er dich gewiß nicht mehr nach deinem Geschmacke!

Baronin, wie oben. Nein, nein! Ich versichere dich, ich bin bißher recht sehr mit ihm zufrieden gewesen. Aber dir zu gefallen —

B. Flatt. Mir zu gefallen? Ha, ha, ha!

Gräfin. Nun, und kommt Ihnen das so unwahrscheinlich vor, Herr Baron?

B. Flatt. O, im Gegentheil! Außerordentlich wahrscheinlich. Ich weiß ja, daß ihr Dichten und Trachten ist, mir zu gefallen.

Baronin. Das würde es seyn, sobald du nur wolltest, mein Schatz!

B. Flatt. O sag' das noch einmahl, Kind! Wenn's auch nicht wahr ist, so klingt's doch hübsch.

Baronin. Es ist mein völliger Ernst.

B. Flatt. Unterthäniger Diener!

Gräfin. Aber warum zweifeln Sie denn, Herr Baron?

B. Flatt. Weil, so viel ich weiß, meiner Frau Gemahlin bis jetzt nichts Ernst gewesen ist, als sich mir recht fatal zu machen.

Gräfin. Worin es ihr aber doch hoffentlich nicht gelungen ist?

B. Flatt. Hm! Das lassen wir dahin gestellet seyn. Was meinst Du, Kind?

Baronin. Wenn ich bisher dann und wann so unglücklich war, dir zu mißfallen, so hab' ich mir von nun an vorgenommen, einen ganz andern Weg einzuschlagen, auf dem es mir hoffentlich gelingen soll, dir zu gefallen.

Gräfin. Was sagen Sie dazu, Herr Baron?

B. Flatt. Was ich sage? Ich weiß nicht, was ich sagen soll! Mein Seel nicht! Es hört sich der kleinen Sirene so verteufelt gut zu! Wenn nur die Laune von Bestand wäre!

Gräfin. Das wird nur an Ihnen liegen.

B. Flatt. An mir? Euer Gnaden können versichert seyn, daß ich mir meine Freude gewiß nicht selbst verderben werde — Wer nur trauen dürfte!

Baronin. Ich schwöre dir's, Kind! daß ich von nun an dir mit keiner Sylbe mehr widersprechen, keinen Augenblick mehr mit dir zanken will.

B. Flatt. Auf deine Ehre?

Baronin. Auf meine Ehre!

B. Flatt. Topp! Auf meine Ehre ich auch nicht! küßt ihr die Hand. Liebes Weib!

Baronin hält ihm den Mund hin. Hieher mußt du küssen!

Gräfin. Also, der ewige Friede ist unterzeichnet und beschworen! Nun bin ich weiter zu nichts hier nütze. ab.

Sechster Auftritt.

Baron Flatterbach. Die Baronin.

B. Flatt. Sieh, Kind! wenn du immer ſo gegen mich bleibſt, ſo werden wir den Himmel auf Erden haben.

Baronin. Eben wollt' ich dir das nämliche ſagen. Jetzt ſind wir auf dem rechten Wege.

B. Flatt. Aber ſag' mir, wie kam es, daß wir dieſen Weg nicht eher ausfündig machten?

Baronin. Weil es uns nicht einfiel ihn zu ſuchen. Die Gräfin hat mich eigentlich darauf geführt. Sie war die erſte, die mir ſagte, daß wir wohl glücklich mit einander ſeyn könnten, wenn wir nur wollten.

B. Flatt. Da ſind' ich, daß ſie weit klüger iſt, als der Graf. Der hat mir etwas ganz andres geſagt.

Baronin. So? Und was hat er dir denn geſagt?

B. Flatt. Er ſagte, daß ich mit einer ſolchen Frau wie du, unmöglich glücklich leben könnte.

Baronin *für sich.* Der Verräther! *laut.*
Um ihn des Gegentheils zu überführen, will ich
mich von nun an so betragen, daß du recht sehr
glücklich durch mich wirst.

Siebenter Auftritt.

Vorige. Der Graf, der wieder umkehren will,
so wie er den Baron erblickt.

B. Flatt. Immer herein, Herr Graf!
immer herein! Ich muß Ihnen schon wieder etwas vorklagen. So einen halsstarrigen Trotzkopf —

Graf. O Herr Baron, das ist wieder
die alte Leyer! Ich bitte, verschonen Sie mich!

B. Flatt. Nicht doch! etwas funkelna-
gelneues! Denken Sie, sie hat sich auf einmahl
entschlossen —

Graf. Doch nicht etwa, sich von Ihnen
scheiden zu lassen?

B. Flatt. Ey bewahre! Etwas noch
viel tolleres.

Graf. Nun?

B. Flatt. Sie werden erstaunen, wenn
ich's Ihnen sage. Wir stritten uns eben darüber,
als Sie herein traten.

Graf. Sie können glauben, es thut mir in der Seele weh, Sie und Ihre Gemahlin so beständig in Zank und Streit zu sehen. Ich wüßte nicht, was ich darum gäbe, wenn ich Sie vereinigen könnte —

Baronin. O das glaub' ich! Ihre guten Gesinnungen gegen uns, Herr Graf, sind mir bekannt.

B. Flatt. Aber was hilft's? Sie ist ein kleiner Teufel mit Widersprechen.

Baronin. So viel sag' ich Ihnen, mein Herr, hierinnen muß es durchaus nach meinem Kopfe gehn!

Graf heimlich zum Baron. Die gewöhnliche Sprache der Weiber.

B. Flatt. Sie sollen aber Ihren Willen nicht haben!

Baronin. Ich will aber! Sonst laß' ich mich scheiden.

Graf heimlich zur Baronin. Recht so! Geben Sie nicht nach! —

B. Flatt. Ich will aber nicht!

Baronin in die Hände klopfend. Ich will aber!

H

B. Flatt. Nun da hören Sie es selbst,
Herr Graf.

Graf. Leider hör' ich's. Darf ich die
Ursache Ihres Streits wissen?

B. Flatt. O ja, Herr Graf! und Sie
werden Sich eben so sehr über den tollen Einfall
meiner Frau wundern als ich, dafür steh' ich
Ihnen. Sie hat sich schlechterdings in den Kopf
gesetzt — ich mag auch dagegen sagen was ich
will — ein gutes Weib zu werden, und mich zu
zwingen, sie, nolens volens, von ganzem Herzen zu lieben. Sagen Sie selbst, Herr Graf,
heißt das nicht den Vorwitz zu weit treiben?

Baronin. Und er, Herr Graf, macht
mir's gerade nicht besser. Er hat mir gedroht,
daß er nie wieder mit mir zanken will; auch nicht
einmahl widersprechen will er mir!

B. Flatt. Sind wir nicht ein paar
rechte Kinder?

Graf betroffen. Ja wahrhaftig, Herr
Baron — Ich weiß nicht, was ich — dazu
sagen soll. — Wenn es möglich wär' — mir
wär' es in der That von Herzen lieb, Sie immer

in ſo gutem Vernehmen zu ſehn. Beyde lachen überlaut. Ich freue mich, daß ihr ſo aufgeräumt ſeyd, Leutchen! Ich wünſche nur, daß es von Beſtand ſeyn mag — Herr Baron! ein Wort im Vertrauen. Heimlich. Mann, Sie ſind unglücklich, wenn Sie Sich durch dieſe anſcheinende Beſſerung blenden laſſen. Eine Theaterbekehrung, ſonſt auf mein Wort nichts!

B. Flatt. heimlich. Nein, nein, Herr Graf! Ich verſichere Ihnen, daß es ihr wahrer Ernſt iſt.

Baronin ſcherzhaft. Mein Schatz! Ich verbiethe Ihnen hiermit einmahl für alle, in meiner Gegenwart mit dem Herrn Grafen heimlich zu reden.

Graf heimlich zum Baron. O ho! Sehn Sie, wie ſie anfängt den Herrn zu ſpielen? Da haben wir das ſanftmüthige Weib! Laſſen Sie mich einmahl ein Wörtchen mit ihr reden. Geht auf ſie zu. Gnädige Frau! —

Baronin. Um Vergebung, Herr Graf, ſagen Sie mir laut, was Sie mir zu ſagen haben.

H 2

Graf. Nur zwey Worte. *Heimlich.* Wann sprechen wir uns an dem bewußten Orte?

Baronin *ihm ganz laut in's Ohr.* Niemahls! — Aber, mein Schatz, da Sie mich von nun an zärtlich lieben wollen, so bitt' ich Sie, auch ein wenig eifersüchtig zu werden, und dem Herrn Grafen zu sagen, daß er mich nicht mehr des Morgens bey der Toilette besucht.

B. Flatt. Ja, sie hat mein Seel Recht! Die Spartanischen Sitten gefallen mir heute nicht halb so gut mehr als gestern.

Graf. Die Verwandlung könnte nicht schöner seyn! Wahrhaftig, ich wünsche Ihnen beyden von Herzen Glück! Wie gesagt, wenn es nur von Bestand ist; aber daran hab' ich einige unterthänige Zweifel.

Baronin. O ich ganz und gar nicht! Wenigstens weiß ich ganz gewiß, daß wir Ihren Segen dazu haben, Herr Graf. — Höre, Kind! ich dächte, wir führen mit einander aus. Ich habe tausenderley Dinge einzukaufen.

B. Flatt. Von Herzen gern. Hab' ich denn Geld bey mir? — O ja! Ich denke, das wird genug seyn; nicht wahr? *Er zeigt ihr seine Börse, die sie ihm aus der Hand nimmt und einsteckt.* O du Dieb! du kleiner! Warte, dafür muß ich dir wieder etwas stehlen! *Er küßt sie.*

Baronin. Für das Geld bekömmst du noch einen. *Sie küßt ihn.* Guten Morgen, Herr Graf! *Arm in Arm mit einander ab.*

Graf *allein.* Das fehlte noch, daß ich von zwey so albernen Geschöpfen gefoppt würde! Also der Plan wär' auch fehlgeschlagen! — Alles, alles meinen Wünschen schnurstracks entgegen! — Und der schöne Trost von meinem Agenten auch noch dazu! — Wenn ich nur die Heirath meiner Kinder in's Reine hätte!

Bedinter. Der Herr Hauptmann will Euer Gnaden aufwarten.

Graf. Führ' ihn nur in mein Kabinet — Doch nein, du kannst ihn auch hierher führen. *Bedienter ab.* Nun will ich sein Herz noch einmahl in die Presse nehmen — Wenn er mir aber auch diesen Sturm abschlägt, so —

———

Achter Auftritt.

Der Graf. Der Hauptmann.

Graf. Guten Morgen, Fritz! Es ist mir lieb, daß du mir zuvorkömmst. Ich wollte eben zu dir fahren. Ich habe dir eine tröstliche Neuigkeit zu sagen.

Hauptm. Sie erschrecken mich, mein Vater!

Graf. O ich bin nicht erschrocken! Ich bin es seit einiger Zeit zu sehr gewohnt, daß mir alles fehlschlägt — Du weißt, daß ich schon seit zwey Monathen zehntausend Gulden suche. Jetzt hab' ich alles angewandt, und alles ist vergebens. Künftige Woche muß ich bezahlen, und meine Verschreibung ist in des Grafen Herforts Händen; das heißt, in den Händen meines ärgsten und mächtigsten Feindes. — Jetzt weißt du alles.

Hauptm. Mein Vater — ich nehme den innigsten, den wärmsten Antheil an Ihrer Bekümmerniß.

Graf. Und ist das alles, was du für mich thun kannst?

Hauptm. hebt die Achseln, und schweigt.

Graf nach einer Pauſe. Mittelburg! deines Vaters Sturz iſt unvermeidlich, wenn du ihn nicht retteſt.

Hauptm. Ich Sie retten, mein Vater? Und wie?

Graf. Haſt du unſer geſtriges Geſpräch ſchon vergeſſen?

Hauptm. Sie gaben mir Ihr Wort, wegen einer gewiſſen Sache nicht weiter in mich zu dringen, mein Vater!

Graf mit Nachdruck. Mittelburg, deines Vaters Sturz iſt unvermeidlich!

Hauptm. Mein Vater, ich kann nicht! Mit äußerſter Bewegung. Ich kann bey Gott nicht!

Graf faßt ihn bey der Hand. Du kannſt nicht? — Sieh, Fritz, wenn deine Schweſter ſo romanhaft ſchwatzt, ſo verzeih' ich's ihr, denn ſie iſt ja nur ein Mädchen. Aber du, ein Mann von Verſtande — Pfui! Es iſt dein Freund, es iſt dein Vater, der dich bittet, Mittelburg — Bedenke wohl, in der einen Wagſchale liegt der Wohlſtand deiner Eltern, die Ehre deiner Famille, dein eigener Vortheil; in der andern —

Hauptm. O mein Vater, mein Vor-
theil ist nur eine Feder in der Wagschale, und
was die Ehre meiner Familie betrifft — ich
glaube, meine eigene Ehre dürfte der andern
Wagschale einen großen Ueberschlag geben.

Graf. Aber du hast ja selbst gesagt, daß
du dem Fräulein Maynbach nicht förmlich die
Ehe versprochen hast.

Hauptm. Und giebt es sonst keine heiligen
Verbindlichkeiten, als die die Gesetze heiligen?

Graf in einem Tone, als ob er überzeugt wär.
Gut, Fritz, ich sehe du handelst nach Grundsätzen.

Hauptm. Nach Grundsätzen, die Sie
selbst mir beybrachten, mein Vater!

Graf. Das weiß ich, und es freut mich,
daß du die guten Lehren nicht vergessen hast, die
ich dir gegeben habe. Also nichts weiter davon. —
Nimm mir's nicht übel, Fritz, daß ich so sehr
in dich gedrungen bin. Freylich bin ich in das
Plänchen verliebt, das ich mir entworfen habe,
und es wird mir sauer, es aufzugeben. Wenn
mein Fritz die Wittwe Palmer heirathet, dachte

ich, so mache ich mit einem Theil ihres Vermö-
gens unsere Güter rein, ziehe mit meiner Frau
auf's Land, und setze mich durch einige Jahre
Oekonomie in den Stand, meiner Luise ein anständiges Heirathsgut mitgeben zu können; denn
ich muß dir sagen, es kränkt mich, daß ich mich
gezwungen sehe, dem armen Kinde einen reichen
Pinsel aufzubringen. Aber jetzt — kein Wort
weiter davon! Mag die Sache doch gehn wie
sie will! Ich verdiene mein Unglück! Warum
hab' ich nicht besser gewirthschaftet? Was mich
in die Seele schmerzt, ist, daß ich deine arme
gute Mutter so unverantwortlich mit hinein gezo-
gen habe. — Deine Schwester ist noch jung.
Sie wird nicht die einzige Frau in der Stadt
seyn, die einen Mann hat, den sie nicht leiden
kann, und bey Schneckenburgs ungeheurem Vermögen wird sie tausend Mittel haben, sich auf
andere Art schadlos zu halten. — Aber — wie
gesagt, deine arme Mutter dauert mich am meisten.
Wischt sich die Augen.

Hauptm. der während des Grafen Rede den
Kampf seiner Seele durch Pantomime ausgedrückt hat.
Mein Vater, Sie zerreißen mir das Herz!

Graf. In der That, mein Sohn, wär' mir's nicht um sie zu thun gewesen, ich hätte von der ganzen Geschichte weiter kein Wort gegen dich verloren, denn ich für mein Theil, ich hab' es nicht um dich verdient, daß du etwas für mich thust, das weiß ich leider nur allzu gut!

Hauptm. In der heftigsten Bewegung. Hören Sie auf, mein Vater! Aus Barmherzigkeit hören Sie auf! Ich kann Sie nicht so reden hören.

Graf. Warum denn nicht? Ich sage ja die lautere Wahrheit!

Hauptm. Ich will alles, alles thun, was — Er hält schnell ein.

Graf nach einer kleinen Pause. Und was wolltest du thun? Rede aus, mein Sohn.

Hauptm. Ich kann nicht!

Graf. Ich weiß, was du sagen wolltest. Alles um deines Vaters Untergang zu verhüthen; nicht wahr? Ich kenne dein gefühlvolles Herz, Fritz; ich weiß, welcher Aufopferungen es fähig ist. Ich will nicht weiter in dich dringen. Es wär' unedelmüthig von mir, wenn ich mir deine Schwäche zu Nutze machte.

Hauptm. Mein Vater, ich kann — ich will Sie nicht unglücklich sehn!

Graf. Ich glaube es, daß du das nicht willst — aber auch ich will dich nicht um meinetwillen unglücklich sehen. Was hast du mir denn am Ende für große Verbindlichkeiten, daß du mir das Glück deines Lebens aufopfern müßtest? Was hab' ich für dich gethan? — Ich bin an meinem Unglück allein Schuld; also laß mich auch allein dafür büßen!

Hauptm. Nein, mein Vater! So lang' ich noch im Stande bin zu helfen — Ich —

Graf. Jetzt kein Wort weiter! Es würde so aussehen, als hätt' ich dein Herz überrascht — Wenn du ruhiger wär'st —

Hauptm. äußerst bewegt, und mit zitternder Stimme. Ich bin ruhig, mein Vater! Ich weiß, was ich thue und sage. — Ihre Hand, mein Vater! — Ich heirathe die Wittwe.

Graf indem er einschlägt. Fritz, Fritz! Wenn ich dich beym Worte nähme!

Hauptm. entschlossener. Mein Vater, ich heirathe die Wittwe!

Graf. Nein, ich kann's nicht zugeben!

Hauptm. fest. Hier haben Sie mein Ehrenwort, ich heirathe sie!

Graf. Mein Sohn, mein Freund! Laß dich an mein Herz drücken — Du hast einen schönen Sieg über dein Herz erfochten!

Hauptm. Ich werde sie noch diesen Vormittag besuchen. — Wehmüthig. Aber vorher wird's doch nöthig seyn, die arme Fanny von dieser plötzlichen Veränderung zu benachrichtigen.

Graf. Freylich! Aber, Fritz, um alles in der Welt keine Zusammenkunft mit ihr! Thränen eines hübschen Mädchens sind unzerbrechliche Fesseln für ein Herz wie das deinige. Schreib' an sie — Aber das mußt du sogleich thun: denn da wir diesen Mittag bey der Wittwe speisen, so ist's besser, wenn sie es noch vorher erfährt, damit wir dem armen Kinde die Verlegenheit ersparen, bey Tische zu erscheinen.

Hauptm. Ich eile, um ihr sogleich zu schreiben; denn ich darf meinem Herzen nicht trauen. Wenn ich lange darüber nachdenke, so — Wenn sie mich nur vergessen, wenn sie es nur überleben kann! Schnell ab.

Graf allein. Armer Junge! Du dauerst mich von Herzen! Wenn ich nicht gar zu sehr im Gedränge wär', wahrhaftig, ich würde — Aber vielleicht geht die Sache besser als er glaubt. Frau von Palmer ist ein Weib, mit der ein braver Kerl schon glücklich seyn kann; und was seine Leidenschaft zu ihrer Schwester betrifft, so — Ein Bedienter öffnet die Thür', und der Baron Schneckenburg tritt ein.

Neunter Auftritt.

Graf Mittelburg. Baron Schneckenburg.

Graf. Ach, Herr Baron! ich freue mich herzlich, Sie zu sehen. Ich muß Ihnen sagen, daß ich gestern Ihrentwegen außerordentlich in Sorgen war, als ich Sie in dem Zauberkreise der schönen Wittwe allein lassen mußte.

B. Schneck. Ich danke Ihnen demüthigst für diese wahrhaft freundschaftliche und zärtliche Besorgniß, mein Herr Graf! Wahrhaftig, nie hat es eine mehr zauberische Sirene, eine mächtigere Fee, und auch eine gefährlichere Hexe — ich bitte dieses Ausdrucks wegen das ganze weibliche Geschlecht demüthigst um Ver-

zethung — gegeben, als diese Wittwe! Ich
unterstehe mich zu behaupten und zu betheuern,
daß Scylla und Charybdis, von denen wir in
der Fabel lesen, nur unschuldige Mädchen gegen
sie waren. Jetzt, dem Himmel sey Dank! bin
ich aber entronnen, bin ganz wieder mein eigen,
und komme, meinem Ihnen gegebenen Worte
gemäß, der liebenswürdigen, vortrefflichen Komtesse Luise ein demüthiges Opfer mit meinem
unwürdigen, ihr aber zärtlich ergebenen Herzen
zu bringen.

Graf. Ich glaube, ich brauche es Ihnen
nicht erst zu wiederhohlen, wie angenehm mir
Ihre Bewerbung um meine Tochter ist, Herr
Baron. Den Weg hab' ich Ihnen gebahnt,
habe meiner Tochter Ihre Absichten entdeckt;
das Uebrige überlasse ich nun Ihnen. Aber,
Herr Baron, greifen Sie die Sache frisch an!
Die Mädchen sind schnell und glatt, wie die
Aale. Wenn man glaubt, man hält sie recht
fest, so schlüpfen sie einem durch die Finger.

B. Schneck. O, liebster Herr Graf!
wer weiß das besser als ich! Sie müssen wissen,
diese grausame Frau, Frau von Palmer mein'

ich — ſie mag mir das Beywort verzeihn, es
entfuhr mir ſo in der Hitze — dieſe grauſame
Frau iſt ſchon die achte Dame, der ich ſeit den
letzten fünf und zwanzig Jahren meine demüthige
und inbrünſtige Liebe zu erkennen gegeben habe.

Graf. Iſt es möglich? Ein Mann von
Ihrer Bildung und Talenten ſollte von ſo vielen
ſeyn verſchmäht worden?

B. Schneck. Um Vergebung, Herr
Graf — Ich will eben nicht ſagen, daß ſie mich
verſchmäht hätten! Nein, ich getraue mir
zu behaupten und zu betheuern, daß der Baron
Schneckenburg ein ſo hartes Schickſal eben nicht
verdient! Nein, mein Herr Graf, mit allem
Reſpekt gegen Ihre beſſern und höhern Einſich-
ten, widerſpreche ich Ihnen hierinnen geradezu.
Ich war gemeiniglich der erſte, der zurücktrat.
Leichtſinn, Herr Graf, Leichtſinn iſt eine Untugend, die mir in der Natur zuwider iſt; und
leider muß ich bekennen, daß ich an den Weibern,
denen ich bisher den Hof gemacht habe, einen
ſehr großen Theil von dieſer Untugend wahrge-
nommen habe. Sie wiſſen, Herr Graf, daß
ich oft ſehr ſpaßhaft bin: ſo lange ich nun meinem

Witze und meiner Laune den Zügel schließen ließ,
so lange ging alles gut; sobald ich aber anfing
ernsthaft zu werden, so konnte ich von keiner ein
vernünftiges Wort herausbringen. Keine hielt
mir Stich. Ich habe während dieser fünf und
zwanzig Jahre diesen acht Weibern — versteht
sich einer nach der andern; denn so ein Flat-
tergeist ist Baron Schneckenburg nicht, daß er
acht Weibern zugleich den Hof machen sollte —
diesen acht Weibern also zusammengenommen
gerade zweytausend achthundert und drey und
sechzig Liebeserklärungen in allem Ernste und mit
aller Feyerlichkeit und Devotion gemacht, und
bey jeder dieser Liebeserklärungen — Sie werden
es kaum glauben, Herr Graf, aber ich schwöre
Ihnen bey meiner Ehre, daß es die pure lautere
Wahrheit ist — bey jeder dieser Liebeserklärungen
also, lachte mir der jedesmahlige Gegenstand
meiner Zärtlichkeit laut unter die Nase.

Graf mit verhaltenem Lachen. Das kann ich
Ihnen kaum glauben, Herr Baron! Diese Damen haben es auch vielleicht nicht so gemeint,
wie Sie es auslegen. Vielleicht haben Sie Sich
auch geirrt.

B. Schneck. O nein, Herr Graf! Ich bin meiner Sache viel zu gewiß. Denn wenn einem ein und derselbe Fall zweytausend achthundert und drey und sechzig mahl vorkömmt, so irrt man sich nicht so leicht.

Graf. Nun, ich denke, meine Tochter wird Sie für alle Mißhandlungen, die Sie bisher erlitten haben, schadlos halten.

B. Schneck. Das getrau' ich mir zu behaupten und zu betheuern, und — wofern mir's der Herr Graf nicht als eine gar zu große Kühnheit auslegen, auch zu hoffen.

Graf. Soll ich sie rufen?

B. Schneck. Sie zu sehen, und ihr mein Herz zu Füßen zu legen, ist ein Glück, nach dem ich schmachte. — Aber wieder auf die Wittwe Palmer zu kommen, Herr Graf — Er hält plötzlich inne.

Graf für sich. In meinem Leben hab' ich keinen so phlegmatischen Pinsel gesehn. — Laut. Nun was hatten Sie mir noch wegen der Wittwe zu sagen, Herr Baron? Warum hielten Sie denn so plötzlich inne?

J

B. Schneck. Mein Herr Graf, ich über-
legte nur, ob das, was ich Ihnen sagen wollte,
nicht gar zu frey wäre; aber ich finde, daß ich
es Ihnen, ohne die Regeln der strengsten Decenz
im geringsten zu lädiren, sagen kann.   Diese
Wittwe Palmer also liebte ich ungleich heftiger
und aufrichtiger, als alle ihre Antecessorinnen in
meinem Herzen.   Die Sachen waren aber auch
in der That schon sehr weit zwischen uns gekommen; denn, Herr Graf, — ohne diese Dame
in üble Nachrede zu bringen — ich muß Ihnen
im Vertrauen sagen, in denen sechs Monathen,
die ich mich um sie beworben habe, haben diese
Lippen ihre Hand dreymahl berührt.

Graf. Dreymahl die Hand geküßt in sechs
Monathen! Das ist viel!

B. Schneck. Es ist auf meine Ehre wahr!
Ich hoffe, Sie werden mich für keinen Prahler
halten. Und da sie mir solche Freyheiten erlaubte,
da sie mich mit solchen Gunstbezeigungen, mit
solchen entscheidenden Beweisen ihrer Zärtlichkeit
beglückseligte, hatte ich da wohl Unrecht, wenn
ich es wagte, meine Wünsche bis zum Besitz
dieser Schönen hinaufzuspannen?

Graf. Ganz und gar nicht. Ich hätte daſſelbe an Ihrer Stelle gethan, Herr Baron! — Aber wir verplaudern die Zeit. Ich gehe und hole meine Tochter. ab.

B. Schneck. allein. Ich hoffe, die liebenswürdige Komteſſe Luiſe wird ſich mir doch nicht ſo bald ergeben? Das würde mich um ſo manche ſüße ſchmachtende Schäferſtunde bringen! — O nein, die ſchöne Luiſe iſt zu gut erzogen, als daß ſie ſogleich Ja ſagen ſollte; dazu iſt ſie viel zu ſittſam. Ich könnte durchaus keine Schöne leiden, die mir meine Bewerbungen nicht recht ſauer machte! O daß wir noch in jenem glücklichen Zeitalter lebten, da ſich ein Ritter für einen einzigen Blick ſeiner Dame zehen Jahre lang herumbalgen, quälen und ſeufzen mußte! Jetzt, du lieber Himmel! jetzt ſagt man kaum zu einem Mädchen: gehorſamer Diener, ſo ſtudirt ſie ſchon, was ſie für eine Farbe zum Brautkleid nehmen will. Aber, wie geſagt, — ich hoffe, meine künftige Braut iſt keine von der Art.

Zehnter Auftritt.

Baron Schneckenburg. Graf Mittelburg,
der mit Luisen eintritt.

Graf. Luise, du kennst des Herrn
Barons Verdienste —

B. Schneck. mit einem tiefen Bückling.
O Herr Graf!

Graf. Du weißt, daß er ein Herr von
gutem Hause, von großem Vermögen, von unta-
delhaftem Charakter und ungemeinen Talenten ist.

B. Schneck. O Herr Graf! nur sehr
gemeine, nur sehr schlechte Talente!

Graf. Du kannst dich also vorzüglich
glücklich schätzen, daß seine Wahl auf dich gefallen ist. — Herr Baron — Jetzt sprechen Sie
für Sich selbst.   Ab.

Eilfter Auftritt.

Baron Schneckenburg. Luise.

B. Schneck. macht Luisen einige stumme Komplimente, die sie erwiedert.

Luise. Ist es Ihnen nicht gefällig, Sich
niederzulassen? Sie setzen sich.

B. Schneck. Komteſſe — Gnädiges Fräulein — Berechtigt durch die Erlaubniß Ihres Herrn Vaters, nehme ich mir demüthigſt die Freyheit, mich Ihnen unterthänigſt zu nähern, in der angenehmen und höchſt ſchmeichelhaften Hoffnung, daß, wenn es mir gelingen ſollte, Sie von der Heftigkeit und Inbrunſt meiner Liebe zu überzeugen — —

Luiſe. Hoffentlich werden Sie ſo billig ſeyn, Herr Baron, und mir die gehörige Zeit laſſen, um mich davon zu überzeugen?

B. Schneck. Ich unterſtehe mich zu behaupten und zu betheuern, daß ich mich ſelbſt als ein Ungeheuer verachten und verabſcheuen würde, wenn ich fähig wär', eine Dame von Ihren Verdienſten in einem ſo delikaten Punkte zu übereilen.

Luiſe. Ich danke Ihnen, mein Herr! Weniger konnte ich aber auch nicht von einem Manne erwarten, den alle Welt für ein Muſter der feinen Lebensart hält.

B. Schneck. mit einem Bückling. Es iſt jederzeit mein Ehrgeitz geweſen, ein ſolches Lob

zu verdienen. Bescheidenheit ist immer meine
Lieblingstugend; aber Sie können auch nicht glauben, was es mir für Mühe gekostet hat, mich
in dieser Tugend festzusetzen, da ich mit einem
Temperament zu kämpfen hatte, das von Natur
äußerst stürmisch und hitzig ist. Eben in diesem
Augenblicke fühl' ich gewisse Beklemmungen —
gewisse — wie soll ich sagen? — Ach! — Reitze,
wie die Ihrigen, angebethete Luise — verzeih'n
Sie mir den vertraulichen Ausdruck — angebethete Komtesse, wollt' ich sagen — Reitze also,
wie die Ihrigen, würden für die Bescheidenheit
eines Heiligen eine gefährliche Gesellschaft seyn.

Luise mit verhaltenen Lachen. Um's Himmels
willen, Herr Baron! Sie erschrecken mich ganz!
Ich will nicht hoffen, daß —

B. Schneck. indem er sich zurückzieht. Seyn
Sie ruhig, holder Engel! Bey mir laufen Sie
keine Gefahr. Baron Schneckenburg ist kein
solcher Barbar, daß er suchen sollte, eine so
reitzende und tugendhafte Dame gleich beym ersten Besuche mit Sturm zu erobern. Ob ich
gleich, wie ich schon oben die Gnade hatte anzu-
merken, von einem sehr raschen, feurigen Tem-

peramente bin, ſo kann ich doch die zudringlichen, übereilten Liebhaber nicht leiden, die ein armes Mädchen ſo hitzig verfolgen, daß ſie vor Angſt Ja ſagen muß.

Luiſe. Ich freue mich ungemein, Herr Baron, eine Denkungsart bey Ihnen anzutreffen, die mit der meinigen ſo vollkommen übereinſtimmt.

B. Schneck. Thut ſie das wirklich?

Luiſe. Wie ich Ihnen ſage, ganz meine Gedanken.

B. Schneck. Ihr himmliſchen Mächte ſeyd gelobt! Himmliſche, anbethenswürdige Komteſſe, Sie ſetzen mich vor Freuden außer mich! Ich falle vor Entzücken in Ohnmacht. Wollen Sie wohl — mit der Bewegung, als wollte er vom Stuhle aufſtehn. Wollen Sie mir wohl erlauben, daß ich mir das göttliche Vergnügen mache, mich Ihnen zu Füßen zu werfen?

Luiſe. Das verbitte ich mir, Herr Baron! Das wär' eine Stellung, in welcher ich einen Mann von Ihren Verdienſten unmöglich ſehen könnte. Ich will es für geſchehen annehmen.

B. Schneck. Nun so werf' ich mich im Geiste nieder! — O daß ich das überirdische Glück genießen dürfte, eine dieser alabasternen Hände nur mit der äußersten Spitze meines Zeigefingers zu berühren!

Luise. Bewahre der Himmel! Wo denken Sie hin, Herr Baron? Gleich beym ersten Besuche solche Vertraulichkeiten?

B. Schneck. Ich bewundere und verehre Ihre Klugheit und Zurückhaltung, angebethete Schöne! Verzeihen Sie mir — Darf ich Sie fußfällig um Gnade bitten? mit der Bewegung, als ob er aufstehn wollte.

Luise. Das hab' ich mir schon vorhin verbethen, Herr Baron! In den ersten sechs Monathen dürfen Sie in keiner Stellung vor mir erscheinen, die nur die geringste Vertraulichkeit, das geringste Verständniß unter uns voraussetzen könnte. Es ist Ihnen auch schon verziehen.

B. Schneck. Englische Sittsamkeit! Unbegreifliche Güte! Also Sie verzeihen mir diese Aufwallung meines zu feurigen Blutes? — Bloß mein von Natur hitziges und rasches Temperament konnte mich hinreißen, Ihnen eine Ver-

traulichkeit zuzumuthen, die — Aber ich bin straf-
bar! Legen Sie mir eine Buße auf, oder ich
will mir selbst eine auflegen. Wie ein Märtyrer
will ich leiden. In den ersten sechs Monathen
will ich mich nicht ein einziges mahl unterstehen,
diese Schwanenhände mit meinen unwürdigen
Lippen zu berühren.

Luise. Ich unterschreibe Ihr Urtheil von
ganzem Herzen, wenn Sie es durchaus so wollen.

B. Schneck. Salvo tamen jure agra-
tiandi?

Luise. Was heißt das?

B. Schneck. Daß Sie Sich das Recht
vorbehalten, mich zu begnadigen, wenn —

Luise. Wenn Sie Sich darnach aufführen?
Nun das wird sich ausweisen. Aber jetzt von
etwas anderm. Mein Vater scheint unsere Verbindung beschleunigen zu wollen —

B. Schneck. Ja, auch gegen mich ließ
er vorhin einige Worte fallen, die mir Eilfertigkeit zu empfehlen schienen. Aber, schöne Komtesse, so sehr ich auch in allen andern Dingen,
wie ich mich unterstehe zu behaupten und zu betheuern, des Grafen, Ihres Herrn Vaters,

unterthäniger und gehorsamer Diener bin, so
dürfte ich mir doch wohl in diesem Punkte einen
kleinen Ungehorsam zu Schulden kommen lassen.
Ich gebe Ihnen mein Ehrenwort, Anbethens-
würdigste Ihres Geschlechts, daß ich Sie, ohnerachtet — ach! — der alles verzehrenden Flamme, die hier in meinem Innern lodert, in nichts
übereilen werde. Jahre lang will ich um Sie
schmachten! O, eine solche Rahel ist ja wohl
einer vierzehnjährigen Knechtschaft werth! Verzeihen Sie meiner Spaßhaftigkeit, Komtesse.

Luise. Wenn Sie mich auch nicht übereilen, so dürften es vielleicht andere Leute thun.
Ich fürchte, ich fürchte, wenn wir nicht unsere
ganze Vorsicht zu Hülfe nehmen, so wirft man
uns das eheliche Joch über, ehe wir's uns versehen.

B. Schneck. Das wolle der Gott der
Liebe in Gnaden verhüthen!

Luise. Das sage ich auch, Herr Baron.
Ich überlasse es also Ihrer Klugheit, dieses
Unheil abzuhalten — Indessen möcht' ich auch
nicht gern, daß mein Vater auf den Gedanken
käm', daß ich an dieser Verzögerung einige
Schuld hätte. — Sie verstehn mich?

B. Schneck. Vollkommen! Ich werde alles auf mich nehmen. Ich werde ſagen, daß ich viel zu unwürdig ſey, daß ich mich noch bey weitem nicht berechtigt fühle, auf das über⸗ ſchwengliche Glück Ihres Beſitzes nur den gering⸗ ſten Anſpruch zu machen. Sie können verſichert ſeyn, Schönſte Ihres Geſchlechts, daß ich alles mögliche anwenden werde, den Herrn Grafen zu überzeugen, daß ich ſehr große, ſehr erhabene Bewegungsgründe habe, mein Glück noch einige Zeit aufzuſchieben.

Luiſe. Das nenn' ich edel denken! — Wahrhaftig, wenn alle Liebhaber Ihnen glichen —

B. Schneck. Dann getraue ich mir zu behaupten und zu betheuern, daß es um die Welt ungleich beſſer ſtehen würde. Aber wenn Sie auch wüßten, welchen Kampf mich dieſe Selbſtverläugnung koſten wird — und dabey immer den unerſchöpflichen, den unermeßlichen, den unbegreiflichen Quell von Reizen vor ſich zu ſehn! — Auf meine Ehre, ich finde es mit jedem Augenblicke nöthiger und dringender, mich zu entfernen.

Luise steht auf. Ich will Sie nicht länger aufhalten, Herr Baron.

B. Schneck. steht auch auf. Ich fühle, daß mein Temperament schon wieder im Begriff ist, mir einen Streich zu spielen. Ich muß fliehen, schönste, vortrefflichste Komtesse, damit ich nicht in der Uebereilung die strengen Gränzen überschrette, die ich mir selbst gesetzt habe!

Luise. Das ist sehr gewissenhaft von Ihnen.

B. Schneck. Also, Sie haben die Gnade, mich zu beurlauben? Er entfernt sich immer weiter.

Luise. Von ganzem Herzen, Herr Baron! Ohne Umstände.

B. Schneck. So schenken Sie Ihrem unterthänig-gehorsamsten Diener noch ein huld-reiches Lächeln!

Luise lächelt und verneigt sich. Ihre ergebene Dienerin!

B. Schneck. Ihr demüthiger und glück-seliger Diener! Im Abgehen. O Morgenröthe eines elysischen Glücks! bist du endlich angebrochen! Ab.

Luise allein. Ha, ha, ha! Hat man je einen solchen Narren gesehen! Das ging besser, als ich dachte. Dank dir, gute Palmer, daß du mir den Rath gabst! Jetzt ist meine Lage nicht halb so unglücklich mehr, als ich vor einer halben Stunde noch fürchtete. ab.

Vierter Aufzug.

Erster Auftritt.
Zimmer in der Frau von Palmer Hause.
Frau von Palmer.

Wenn er sie liebte! — Wenn er sie liebte! — Und gleichwohl ist mir das sehr wahrscheinlich; beynahe gewiß. Sein Vater wünscht die Verbindung, ich habe ihm Avansen gemacht, und er — vermeidet mich! — Natürlicher Weise aus keiner andern Ursache, als weil er meine Schwester liebt — Wenn ich sie nur dasmahl aus dem Hause los wäre! Wenn sie ihm aus den Augen kömmt, vielleicht — Was hilft mir nun mein ganzes großes Vermögen, da ich mir nicht einmahl den einzigen Mann damit erkaufen kann, den ich — — Einem armen Mädchen nachstehen zu müssen, das keinen Heller hat! — Hassen

könnt' ich sie! — Tausendmahl sag' ich mir's
vor, daß Eifersucht eine niedrige Leidenschaft ist,
daß es ihre Schuld nicht ist, wenn sie dem
Hauptmann besser gefällt als ich — gleichwohl
kostet es mir nicht selten die äußerste Ueberwin-
dung, daß ich sie nicht mißhandle.

Zweyter Auftritt.

Frau von Palmer. Fanny.

Fr. v. Palm. Hast du den Huth geändert, den ich dir vorhin gab, Fanny?

Fanny. Noch nicht, liebe Schwester.

Fr. v. Palm. trotzig. Und warum denn
nicht? Ich dächte doch wohl, du hättest Zeit
genug dazu gehabt!

Fanny. Und das sagst du in einem so
auffahrenden Tone? — Ich glaubte nicht, daß
du mir's als eine Arbeit aufgäb'st. Ueberdem
wußt' ich, daß du ihn heute nicht brauchtest.

Fr. v. Palm. in einem Tone, der etwas gemildert
klingen soll. Sag' mir nur, wie du mir seit
einiger Zeit vorkömmst. Alles soll nach deinem
Kopfe gehen! Ich mag sagen was ich will,

ſo thuſt du doch was dir gut dünkt. Mädchen, Mädchen, du haſt dich erſchrecklich geändert!

Fanny. Um Vergebung, liebe Schweſter! die Veränderung iſt, dünkt mich, von Deiner Seite geſchehen.

Fr. v. Palm. Auch Widerſprechen hat das Fräulein gelernt! Ich dächte, Sie thäten gar nicht übel, wenn Sie Sich dann und wann erinnerten, daß ich, — ob wir gleich an Jahren ſo gar ſehr unterſchieden nicht ſind — Ihre älteſte Schweſter bin. Ueberdem ſollte Sie auch ſchon Ihre Lage, und der Fuß, auf welchem Sie in meinem Hauſe ſind, Achtung gegen mich lehren.

Fanny. In der That, Schweſter, wenn ich ja albern genug wär', nur im geringſten ſtolz zu werden, ſo wär' es wenigſtens nicht Deine Schuld; denn du läſſeſt dir's ſehr angelegen ſeyn, mich recht oft daran zu erinnern, daß ich das Gnadenbrod bey dir eſſe.

Fr. v. Palm. Weißt du was, Fanny? Damit du fernerhin nicht Urſache mehr haſt, dich über meine Vorwürfe zu beſchweren, ſo halte ich für's Beſte, ich ſuche dich irgendwo anders anzubringen. Ich kenne eine gewiſſe adeliche

Familie, die zwanzig Meilen von hier auf dem Lande lebt, und dich gerne zu sich nehmen wird. Vielleicht gelingt es dir, irgend einen Landjunker zu erobern; und da du ohnedies viel Hang zu einem stillen häuslichen Leben hast, so könntest du alsdann so recht nach deinem Geschmack leben.

Fanny. Vielleicht kann ich das, ohne eben einen Landjunker erobern zu müssen.

Fr. v. Palm. Ah, wenn das ist! Aber bist du deiner Sachen so gewiß?

Fanny. Ich habe ja nur gesagt: vielleicht! — Ich kenne einen gewissen sehr braven, und sehr edel gesinnten jungen Mann von angesehenem Hause —

Bedient. bringt der Frau von Palmer ein Billet. Von Graf Mittelburg. Der Bediente wartet auf Antwort.

Fanny für sich. Von Graf Mittelburg? Was muß der ihr zu schreiben haben!

Fr. v. Palm. nachdem sie gelesen. Meine Empfehlung an den Herrn Grafen, und der Besuch seines Herrn Sohn's würde mir sehr angenehm seyn. Bedienter ab. Du wolltest ja

etwas von einem gewiſſen jungen Mann ſagen,
Fanny? Ha, ha, ha! Darf ich nach ſeinem
Namen fragen? — Aber da ich dein Geheimniß
zu wiſſen verlange, ſo iſt's billig, daß ich dir
auch das meinige anvertraue. Du mußt wiſſen,
ich habe eine Eroberung gemacht, von der mich
dieſes Billet benachrichtigt.

Fanny. Eine Eroberung? Von der dich
dieſes Billet benachrichtigt? — Ich glaubte, es
wär' vom Graf Mittelburg?

Fr. v. Palm. Nun ja! Ihn hab' ich freylich nicht erobert, aber doch einen, der auch Graf
Mittelburg iſt — Warte, ich will dir das Billet
vorleſen. Lieſt. „Was man für Noth hat, ehe
„man junge unerfahrne Leute zur Raiſon bringt!
„Da hat mir nun mein Sohn endlich geſtanden,
„daß er von Ihren Reitzen entzückt iſt, daß er
„vor Begierde brennt, Ihnen ſein Herz anzuble-
„then; und ich mag anfangen was ich will, ich
„kann ihn ſchlechterdings nicht dahin bringen,
„Ihnen das ſelbſt zu ſagen; es fehlt ihm durch-
„aus an Muth dazu. Ich habe es alſo über-
„nehmen müſſen, ſein Dollmetſcher zu ſeyn. Ich

K

„bin noch weiter gegangen: ich habe es sogar „gewagt, ihm in Ihrem Namen eine nicht un„günstige Aufnahme zu versprechen. Hab' ich zu „viel gewagt? Darf Ihnen der Hauptmann seine „Aufwartung machen?" Nun? Was sag'st du dazu, Fanny? Ist dein gewisser junger Mann auch so hübsch, als der Hauptmann?

Fanny hält sich an einen Stuhl. Mit bebender Stimme: Ich wünsche dir Glück, Schwester!

Fr. v. Palm. Was fehlt dir, Kind? Du bist ja ganz verwandelt! Ist dir nicht wohl? Setze dich! Sie hilft sie niedersetzen.

Fanny. Es wird mir schon wieder etwas besser.

Fr. v. Palm. Du wirst dir doch nicht etwa den Hauptmann in den Kopf gesetzt haben? Das wär' in der That sehr kindisch von dir! Wie kannst du dir einfallen lassen, daß er eine Frau ohne Vermögen nehmen würde, die er hernach nicht seinem Stande gemäß erhalten könnte?

Fanny. Schwester, du gehst nicht sehr freundlich mit mir um.

Fr. v. Palm. ergreift ihre Hand. Nein, Fanny, du mußt mir das nicht ſo auslegen. Du dauerſt mich von ganzem Herzen.

Fanny. Aus Barmherzigkeit ſchicke mich auf's Land zu der Familie, von der du vorhin ſprachſt; wenn es ſeyn kann, heute noch! Sie ſteht auf. Ich kann keine Viertelſtunde län-ger im Hauſe bleiben.

Fr. v. Palm. Dein Entſchluß iſt ver-nünftig. Auf den Fuß, wie der Hauptmann von nun an hierher kommen wird, müßteſt du ihm gegenüber freylich eine etwas alberne Figur machen. — Wir wollen uns in Güte trennen. Du kannſt verſichert ſeyn, daß ich auch in der Ferne deine Freundin bleiben werde. Wenn's dein Ernſt iſt, daß du noch heute fortwillſt, ſo kannſt du Befehl geben, daß der braune Poſt-zug angeſpannt wird.

Fanny. Wenn du es erlaubſt, herzlich gern. Ich könnte um keinen Preis der Welt dieſen Mittag bey der Tafel erſcheinen. Ich will ſogleich dem Mädchen ſagen, daß ſie mir etwas Wäſche zuſammenpackt.

K 2

Fr v. Palm. Und ich will' indessen ein paar Zeilen schreiben, die du mitnehmen mußt. *Fanny ab.*

Dritter Auftritt.

Frau von Palmer.

Arme Fanny! Es thut mir leid, daß ich auf deine Kosten glücklich werden soll! — Ich will dich schon auf andere Art schadlos halten — Aber giebt's auch für einen solchen Verlust eine Schadloshaltung? — Für mich, an ihrer Stelle, würde es keine geben; das fühl' ich nur zu sehr! — Wenn er mich nicht mit ganzer Seele liebte! wenn ich nicht seine ganzen Wünsche, seine ganzen Hoffnungen ausfüllte — ich thät' den Augenblick Verzicht auf seinen Besitz — Sollte sie sich so ganz ohne Grund Hoffnung auf ihn gemacht haben? Sie ließ aus des Grafen Billet: „Daß er von „Ihren Reitzen entzückt ist, daß er vor Begierde „brennt, Ihnen sein Herz anzubiethen. " Wenn das nicht buchstäblich so wahr wär'!

Mädchen *bringt ihr einen Brief.*

Fr. v. Palm. *besieht die Aufschrift.* Der ist ja an meine Schwester!

Mädchen. Ihro Gnaden haben befohlen, daß Ihnen alle Briefe an das Fräulein
zuvor gebracht werden.

Fr. v. Palm. Schon gut! Mädchen ab.
Das hatt' ich ganz vergeſſen. — Jetzt liegt mir
nicht einmahl etwas daran — Und gleichwohl —
wenn er vom Hauptmann wär'! — Eine ſonder-
bare Ahndung! — Sie erbricht ihn, ſieht nach der Unter-
ſchrift, und bebt zurück. Nach einer kleinen Pauſe wirft ſie
den Brief auf den Tiſch und geht mit verſchränkten Armen
ſtillſchweigend auf und ab. — — — Alſo doch von
ihm! — Pauſe. Sie nimmt den Brief haſtig vom Tiſche.
Ich muß den Inhalt wiſſen. Sie lieſt. „Noch in
„dieſer Stunde wird der treuloſe, der verachtungs-
„würdige Mittelburg, der Ihnen ſo oft von Liebe
„vorſprach, um die Hand Ihrer Schweſter an-
„halten, liebſte Fanny! “ — Was iſt das? —
„Wird ihr Verſprechungen vorſtammeln, die er
„nie wird halten können, wird ihr ein Herz an-
„biethen, das für Sie, und nur für Sie allein
„ſchlägt. “ — Das iſt bey Gott zu viel!
Kleine Pauſe. „Ich weiß nicht, was ich ſchreibe.
„Verzweiflung führt meine bebende Hand; Haſ-
„ſen Sie mich, verachten Sie mich, aber ver-
„ſagen Sie mir Ihr Mitleid nicht, wenn Sie

„die Gründe hören, die mich zu diesem Schritte
„bestimmten. " — Die Hände sinken ihr, und sie
bleibt tiefsinnig stehn.

Fanny im Mantel. Liebe Schwester, ich
komme, um mich bey dir zu beurlauben.

Fr. v. Palm. geht schnell ab, ohne ein Wort
zu antworten.

Fanny allein. Um's Himmels willen, was
ist meiner Schwester begegnet? Sie schien äußerst
betreten — Sie las einen Brief — Das kann
des Grafen Brief nicht gewesen seyn! — Und
mir kein Wort geantwortet? — Wenn das so viel
heißt, als daß ich ohne Abschied fortgehn soll, so —
Ein Bedienter läßt den Hauptmann herein, beyde fahren
zurück, und starren einander eine Weile an.

Vierter Auftritt.

Fanny. Der Hauptmann.

Hauptm. nach einer Pause. Das vermuthete
ich nicht, Fräulein! — Ich hoffte, Sie würden
mir die Qualen einer solchen Zusammenkunft
ersparen.

Fanny. Meine Absicht war es nicht —
Sie hier zu finden — Wenn Sie — Hätten
Sie mir nur einen Wink vorher gegeben, so —
wär' es freundschaftlicher von Ihnen gewesen.

Hauptm. Haben Sie meinen Brief nicht erhalten?

Fanny. Was für einen Brief?

Hauptm. Wie? Sie haben ihn nicht bekommen?

Fanny. Keine Zeile hab' ich geſehn! Wahrſcheinlich hat ihn meine Schweſter aufge-fangen.

Hauptm. Dieſer Brief enthielt die Be-wegungsgründe meiner plötzlichen Veränderung. Da Sie dieſe nicht wiſſen, was für ein Unge-heuer muß ich in Ihren Augen ſeyn!

Fanny. In der That — ich war auf dieſen Vorfall ſehr wenig vorbereitet — aber ich glaube gern, daß Sie ſehr wichtige Urſachen haben müſſen —

Hauptm. Meines Vaters Sturz war unvermeidlich, Fanny, und das war das ein-zige Mittel ihn zu retten — Ich habe meinen Vater weinen geſehn. Fanny — Ich mußte, ich mußte!

Fanny ſich faſſend. Ich dachte es ja gleich, daß Sie nichts geringers als das zu dieſem Schritte hätte bringen können. Ich würde mich

Ihrer Achtung unwürdig machen, wenn ich solchen äußerst wichtigen und dringenden Bewegungsgründen nicht mein schwaches Recht auf Ihr Herz aufopfern könnte.

Hauptm. O Fanny! Daß ich Ihnen entsagen mußte! Was kann mich für Ihren Verlust schadlos halten?

Fanny an sich haltend. Das Bewußtseyn, gut und edel gehandelt zu haben. Mir brechen Sie keine Schwüre, denn Sie haben mir nie welche gethan. Ich hab' es Ihnen oft gesagt, daß ich, so sehr ich Sie auch liebte, doch nie ohne Ihres Vaters Einwilligung die Ihrige werden würde, weil ich zu stolz bin, mich bey meinen äußerst schlechten Vermögensumständen in eine Familie einzuschleichen, die mich nothwendig als einen sehr überflüssigen Zuwachs hätte betrachten müssen. Das war die Ursache, warum ich nie Schwüre oder Versprechungen von Ihnen annahm, weil ich Ihnen die völlige Freyheit lassen wollte, eine bessere Wahl zu treffen, im Fall es Ihre Pflicht oder Ihr Nutzen erheischten.

Hauptm. Mein Nutzen? Fanny! —
Dieser Vorwurf aus Ihrem Munde —

Fanny. Verſtehn Sie mich nicht unrecht.
Ich bin weit entfernt, Sie eigennütziger Abſichten zu beſchuldigen. Ich wollte, ich könnte das
mit Grunde, vielleicht würde mir es alsdann
leichter, mich von Ihnen loszureißen, als —
Doch das iſt eine Saite, die wir jetzt nicht berühren wollen — Meine Schweſter liebt Sie; ſie
iſt eine gute Frau; ſie wird Sie ganz gewiß
glücklich machen.

Hauptm. Glücklich? — Nein, Fanny!
Das Glück und ich haben nichts mehr mit einander zu ſchaffen. Der Schritt, den ich heute gethan habe, hat mich auf einmahl von allen An-
ſprüchen, von allen, auch den entfernteſten Hoffnungen auf irdiſche Glückſeligkeit, auf immer
losgeriſſen.

Fanny äußerſt bewegt. Um Gottes willen
nicht dieſen verzweiflungsvollen Ton! Stellen
Sie Sich wenigſtens gleichgültig, wenn Sie es
auch nicht ſind, damit ich's weniger fühle, wie
unglücklich ich bin. Sie faltet die Hände, und bleibt
mit geſenktem Kopfe unbeweglich ſtehn.

Hauptm. Und bin ich's denn etwa weniger? Wer von uns beyden iſt denn am unglück-

lichsten? Nicht genug, daß ich der Einzigen entsagen muß, die mein ganzes Glück würde gemacht
haben, muß ich mich durch unauflösliche Bande
mit einem Weibe verbinden, das ich nie lieben
kann, das mich nie glücklich machen kann! Sie
aber, Fanny, Sie bleiben frey; Ihnen bleibt
immer noch die Hoffnung, mit der Zeit einen
Mann zu finden, der meine Stelle in Ihrem
Herzen ersetzt, der Sie glücklich macht.

Fanny den Kopf schüttelnd. O mein Gott,
nein, das ist unmöglich!

Hauptm. Sagen Sie das aus voller
Ueberzeugung?

Fanny giebt ihm die Hand, sieht ihn stillschwei-
gend an, und läßt dann den Kopf niedersinken.

Hauptm. Ich verstehe Sie! Das war
die einzige Hoffnung, die mich noch von der Verzweiflung zurückhielt. Auch diese wird mir ge-
raubt. — Fanny — Ich gehöre von diesem
Augenblicke wieder Ihnen an! Ich nehme das
Wort wieder zurück, das ich meinem Vater gab.

Fanny thut sich die äußerste Gewalt an, sich zu
fassen. Nein, Mittelburg! das müssen Sie
nicht! — Wenn Ihre Fanny nur noch einige

Macht über Sie hat, so bleiben Sie Ihrem Worte treu. Den ersten Schritt haben Sie gethan, Mittelburg, und Sie wollten vor dem zweyten zurückbeben?

Hauptm. Fanny — Ich sehe Thränen in Ihren Augen zittern! — Halten Sie sie nicht zurück; lassen Sie sie fließen. Ich schäme mich, allein zu weinen. *Wendet sich weg und trocknet sich die Augen.*

Fanny *fährt sich mit dem Tuch über die Augen. Mit standhaftem Tone.* Sehn Sie, Mittelburg, es ist schon vorbey. Fassen Sie Muth!

Hauptm. Ich kann nicht, Fanny! ich kann nicht!

Fanny. „Meines Vaters Sturz war „unvermeidlich, und dies war das einzige Mit= „tel, ihn zu retten!" — Sagten Sie nicht vor= hin so, Mittelburg? — Denken Sie Sich den Gedanken lebhaft und stark: ich rette meinen Vater von Schande und Elend, — das muß Ihren Muth anfeuern — Und Ihre unglückliche Mutter, Mittelburg — Sagt Ihnen Ihr Herz gar nichts für sie?

Hauptm. O mein Gott, es blutet mir, wenn ich an sie denke!

Fr. v. Palm. erscheint im Hintergrunde.

Fanny immer noch mit der äußersten Anstrengung munter zu seyn: Nun, sagt' ich's doch! Ich kenne es ja, dieses edle Herz! Jetzt gehn Sie zu meiner Schwester. Sie werden zu thun haben, eh' Sie das wieder gut machen, was Ihr Brief schlimm gemacht hat. Das ist auch eine Zerstreuung.

Hauptm. Glauben Sie wohl, daß sie dieser Brief sehr beleidigt hat?

Fanny. Freylich glaub' ich das! Wenn einem solche Geständnisse so mal a propos in die Hände fallen, das muß einen ja wohl verdrießen.

Hauptm. Gott gebe, daß sie mir nie verzeihen kann!

Fanny. Das hoffen Sie nicht. Wir Weiber haben von Natur zu gute Herzen — Es war auch nur so ein Einfall von mir — Meine Schwester hat schon lange etwas von unserer gegenseitigen Neigung gemerkt, ohne daß deswegen ihre Liebe zu Ihnen nur im geringsten abgenommen hätte. Ihr Ton wird nach und nach ernsthaft, und

dann wehmüthig. Nein, Mittelburg, täuſchen wir
uns nicht mit leeren Hoffnungen! Es iſt nur zu
gewiß, wir beyde werden, wir können nie
einander angehören! Ich will verſuchen, mich
mit dieſer Idee vertraut zu machen, thun Sie
es auch.

Hauptm. indem er haſtig ihre Hand ergreift und
küßt. Unmöglich! Unmöglich!

Fanny. Doch, lieber Mittelburg,
doch — Wir ſehn uns jetzt zum letztenmahle.
Eine ſtumme Pauſe, während welcher ſie einander wehmü=
thig anſehn; dann reißt ſie ſich auf einmahl von ihm los.
Leben Sie wohl, Mittelburg! Seyn Sie glück=
lich! Sie ſtürzt ab.

Hauptm. ihr nachrufend. Fanny, Fanny —
bleiben Sie! — Sie iſt fort! So wär' denn
alle Hoffnung, jemahls glücklich zu werden, für
mich verſchwunden? — Ihr entſagen! — —
Ich ſoll ihr entſagen? Er bleibt in Gedanken vertieft.

Fünfter Auftritt.

Hauptmann. Frau v. Palmer tritt hervor.

Fr. v. Palm. Nein, lieber Mittelburg,
das ſollen Sie nicht!

Hauptm. erſchrocken. Gnädige Frau!

Fr. v. Palm. Erschrecken Sie nicht so! *indem sie klingelt.* Ein Zufall hat mich von den Geheimnissen Ihres Herzens unterrichtet, und Sie sollen sehn, ob ich einen unrechten Gebrauch davon mache. *Das Mädchen erscheint.* Ich lasse meine Schwester bitten, zu mir herüber zu kommen. *Das Mädchen ab.*

Hauptm. In der That, meine gnädige Frau, ich bin — ich weiß nicht — der unglückliche Zufall mit meinem Briefe —

Fr. v. Palm. Dieser Zufall ist vielleicht nicht so unglücklich, als Sie denken.

Sechster Auftritt.
Vorige. Fanny.

Fanny. Ich wollte mich schon vorhin bey dir beurlauben, liebe Schwester, aber — *indem sie den Hauptmann gewahr wird, nach einer Pause,* nach dem, was zwischen uns vorgefallen ist, glaubte ich nicht, daß du mich in diese Gesellschaft rufen würdest.

Fr. v. Palm. Und seit wenn ist dir denn diese Gesellschaft so zuwider? Wenn das ist, so sage mir's lieber gleich; denn alsdann könnte aus dem Project, das ich im Kopfe habe, auf allen

Fast nichts werden — Armer Hauptmann, was haben Sie denn meiner Schwester gethan?

Fanny. Aufrichtig gesagt, ich erwartete nicht, dich in so guter Laune zu treffen.

Fr. v. Palm. O meine Laune war nur verstimmt, so lange ich verliebt war! denn, wie weise Leute behaupten wollen, so macht die Liebe uns Weiber in der Regel alle zu Närrinnen. Aber jetzt ist's schon wieder vorbey.

Siebenter Auftritt.

Vorige. Der Graf. Die Gräfin. Luise.

Fr. v. Palm. Kommen Sie, Herr Graf! Ich habe hier ein Geschäft, wozu ich Ihre Einwilligung brauche, und auch die Ihrige, liebe Gräfin.

Graf. Der meinigen können Sie schon in voraus versichert seyn.

Fr. v. Palm. Ist das wahr? Geben Sie mir Ihre Hand darauf.

Graf schlägt ein. Die Hand und mein Ehrenwort!

Fr. v. Palm. legt Fanno's Hand in des Hauptmanns seine und umarmt sie. Schwesterchen, ich gratulire!

Hauptm. Ist das ein Traum, oder wache ich wirklich?

Fr v. Palm. Fanny, so steh' doch nicht so steif da! Ueberzeuge doch den Hauptmann, daß er nicht träumt! Sie drückt ihre Schwester auf den Hauptmann hin, daß sie ihn küssen muß.

Fanny indem sie an ihre Brust sinkt. Schwester, das ist zu viel — zu viel für mein armes Herz!

Fr. v. Palm. Ah! Närrchen! das muß ich ja auch verstehn! In einem Weiberherzen ist viel Raum! — Ich habe dir manchmahl recht unartig begegnet, liebe Fanny; aber nicht wahr, du verzeihst mir's? Ich hab's nicht so böse gemeint. Fanno wischt sich eine Thräne aus den Augen. Pfui doch! weine nicht, ich fange sonst gleich auch an, und ich mag mir den heutigen Tag nicht verderben. — Nun, lieber Graf, Sie sagen gar nichts?

Graf. In der That, gnädige Frau, diese schnelle Veränderung —

Fr. v. Palm. Setzt Sie in Erſtaunen, nicht wahr? Ja, ich glaube, es könnte mir ſelbſt ſo gehn, wenn ich mir jetzt die Zeit nehmen wollte, über mich zu erſtaunen — Aber, beym Lichte beſehn, iſt alles ganz natürlich zugegangen. Ich ſchäme mich nicht, meine Schwachheit zu geſtehn. Ich war außerordentlich in den Hauptmann verliebt; aber ſein Brief an meine Schweſter, der mir in die Hände fiel, und ein Theil ſeiner Unterredung mit ihr, der ich beyzuwohnen die Ehre hatte, öffneten mir die Augen. In beyden äußerte er ſich über ſeine bevorſtehende Verbindung mit mir auf eine Art, die eben nicht die ſchmeichelhafteſte für mich war. Hui, dachte ich, ein Mann, der ſchon v o r der Hochzeit ſo von der Leber wegſpricht, muß n a ch der Hochzeit ganz unausſtehlich offenherzig werden, und Sie wiſſen wohl, daß wir eitlen Geſchöpfe die gar zu offenherzigen Männer nicht eben ſehr ſuchen. Ueberdem hatte mich auch ſchon mein verſtorbener Eheherr zur Genüge gelehrt, was eine Ehe, die aus Rückſichten geſchloſſen wird, für ein Himmel auf Erden iſt. Kurz, ich beſchloß ſogleich, dem Hauptmann zu entsagen. Einen kleinen Kampf hat es mich gekostet, aber jetzt ist alles vorbey. Da ich selbst Ihre Schwiegertochter nicht werden kann, liebe Gräfin, so müssen Sie schon die nehmen, dich ich Ihnen gebe.

Gräfin. Von ganzem Herzen, meine liebste Freundin —

Fr. v. Palm. Halt, beynahe hätte ich das beste vergessen! Herr Graf, ich gebe meiner Schwester eine Aussteuer von funfzig tausend Gulden — Alle nehmen die Miene, als ob sie ihr danken wollten. Bst! Ich bitte euch, Kinderchen, keine Einrede! — Ich bin das verträglichste Weib, so lange man mir nicht widerspricht. — Aber jetzt hab' ich noch ein Geschäft. Was meinen Sie, Komtesse, wenn ich Ihnen von Ihrem langweiligen Baron loshälf'?

Luise. O wenn Sie das könnten!

Fr. v. Palm. Es kömmt auf eine Probe an! Der Narr ist im Grunde noch immer in mich verliebt, und ich müßte keine Wittwe seyn, wenn ich nicht die Kunst verständ', so einen Phantasten bey der Nase herumzuführen

Graf. Vollenden Sie das Werk, das Sie angefangen haben, gnädige Frau! Die Sachen sind zwischen mir und ihm schon so weit gekommen, daß ich nicht gut zurücktreten kann.

Fr. v. Palm. Lassen Sie mich nur machen. Ich habe ihn auch auf diesen Mittag einladen lassen. Still! Eben fährt sein Wagen vor. Komtesse, nehmen Sie indessen Ihren Abtritt in dieses Kabinet, Sie möchten mir sonst meinen Operazionsplan verderben! Luise ab.

Achter Auftritt.

Vorige; außer Luisen. Baron Schnecken-burg, der sich im Hereintreten überall umsieht.

B. Schneck. Meine Gnädigen, Ihr unterthänig-gehorsamster, obgleich unwürdiger Diener! — Ich glaubte, und unterstand mich zu hoffen, diese meine Augen würden mit einigen Schönheitsstrahlen meiner Sonne, — ich meine die liebenswürdige Komtesse Luise — beglückt werden.

Fr. v. Palm. Was das für eine Auf-führung ist? Ich dächte, Sie könnten mir in

L 2

meinem eigenen Hause doch wenigstens die Cour machen, wenn's auch nicht ganz Ihr Ernst wär'. Bin ich schon so ganz aus Ihrem Herzen vertilgt?

B. Schneck. Madam, diese Frage kömmt ein wenig zu spät, das getraue ich mir zu behaupten und zu betheuern.

Fr. v. Palm. Das thut mir herzlich leid.

B. Schneck. Es war einst eine Zeit, Madam — dreht sich schnell zum Grafen. Herr Graf, ich hoffe, Sie sind überzeugt, daß ich darum, wenn ich mich auch mit dieser Dame in einen Wortwechsel einlasse, doch kein Haar breit von der Treue abweiche, die ich der Vortrefflichsten Ihres Geschlechts, — Komtesse Luisen, als meine rechtmäßige und einzige Braut, meine ich — schuldig bin.

Graf lachend. Das bin ich vollkommen. Thun Sie Sich keinen Zwang an.

B. Schneck. Auch von Ihnen, gnädige Gräfin, hoffe ich, daß Sie die Gnade haben werden, mir es zum Besten auszulegen?

Gräfin. Das können Sie auch mit allem Rechte, Herr Baron.

B. Schneck. Und Sie, Herr Hauptmann — darf ich mich erkühnen, mir von Ihnen ein Gleiches zu ſchmeicheln?

Hauptm. Ich bin ein zu großer Verehrer der guten Lebensart, Herr Baron, als daß ich nur das geringſte dagegen haben könnte.

B. Schneck. Sie, Fräulein Maynbach, als die Freundin meiner angebetheten Komteſſe Luiſe, haben auch eine Stimme.

Fanny. Ich habe meine Schweſter viel zu lieb, als daß ich ihr das Vergnügen, ſich mit Ihnen zu unterhalten, nur einen Augenblick mißgönnen ſollte.

Fr v. Palm. Nun, Herr Baron, Sie hätten alſo mit vielen Umſtänden allerhöchſten Orts die Konceſſion, mit mir zu ſprechen, eingehohlt; laſſen Sie doch hören, was Sie mir zu ſagen haben.

B. Schneck. Ich, Madam? Nach dem, was zwiſchen uns vorgefallen iſt, ganz und gar nichts.

Fr. v. Palm. Wie? Sie, ein Muſter der feinen Lebensart, Sie ſollten einem jungen Weibe nichts zu ſagen haben? Gehn Sie! —

Nach dem, was zwischen uns vorgefallen ist! —
Wie das gefährlich klingt! Man könnte wahrhaftig glauben, wir hätten einander die Augen
ausgekratzt! — Und was ist denn zwischen uns
vorgefallen? Eine kleine Neckerey, wie unter
Verliebten oft vorfällt, und weiter nichts.

B. Schneck. Unter Verliebten? — Also
gestehn Sie ein, daß auch Sie verliebt waren,
Madam?

Fr. v. Palm. Hätte ich mich wirklich so
sehr verschnappt, Frau Gräfin?

Gräfin. Es klang beynahe so.

Fr. v. Palm. Nun, weil's denn einmahl
heraus ist — Aber, Herr Baron, ich bitte mir
aus, daß Sie daraus nicht etwa Konsequenzen
ziehn.

B. Schneck. Ich getraue mir zu behaupten und zu betheuern, daß Baron Schneckenburg
niemahls Konsequenzen zieht, Madam! — Eine
kleine Neckerey, sagten Sie? War das auch eine
kleine Neckerey, daß Sie mir Ihre Thür so
lange verschlossen?

Fr. v. Palm. Das geschah bloß, um
Ihre Geduld zu versuchen. *Zärtlich und schmeichelnd.*

Iſt's mein Fehler, daß Ihnen die Zeit zu lang wurde, Sie kleiner Ungeſtüm?

B. Schneck. wiederhohlt in ihrem Ton halb für ſich. Kleiner Ungeſtüm! laut. Madam, ich halte es nicht für rathſam, mich länger in Ihrer Atmoſphäre zu verweilen. — Ich verſtopfe meine Ohren vor Ihren Lockungen und begebe mich hinweg.

Fr. v. Palm. Nicht eher, als bis Sie Sich mit mir wieder ausgeſöhnt haben. —

B. Schneck. ängſtlich herumtrippelnd. Mit Ihnen ausgeſöhnt? — Herr Graf, gnädige Gräfin! Ich thue am beſten, wenn ich gehe.

Graf. Warum denn, Herr Baron? Bleiben Sie doch.

Gräfin. Bleiben Sie, Herr Baron! Ein Mann von Ihrer Standhaftigkeit —

B. Schneck. Ja, ich habe Standhaftigkeit; aber bey ſolchen Attaken — Herr Hauptmann, Fräulein Maynbach — Wenn Sie mir es für keine Unhöflichkeit auslegen wollen, ſo will ich mich empfehlen.

Hauptm. Das würde sich schicken, Herr
Baron! Ich glaubte, Sie durch Ihre Liebe zu
meiner Schwester so gewaffnet, daß —

B. Schneck. Ich bin auch gewaffnet;
aber, Herr Hauptmann, gegen dieses Ungeheuer
von Reizen und von Schönheit — zur Wittwe,
verzeihen Sie mir den Ausdruck, ich meine es
nur im figürlichen Verstande — würde selbst
Medusens Schild nichts helfen.

Fr. v. Palm. Ich habe die Geduldprobe
vielleicht zu weit getrieben; ich that wohl überhaupt Unrecht, daß ich mit einem Manne von
Ihren Verdiensten meinen Scherz trieb. Aber
wer konnte sich auch einbilden, daß Sie die
Sache so ernsthaft nehmen würden!

B. Schneck. Hören Sie auf, Madam,
hören Sie auf! Ich bin nur ein Mensch.

Fr. v. Palm. Also Sie wollen Sich nicht
mit mir aussöhnen? Halb abgewandt, um das Lachen
zu verbergen. Nun so gehn Sie, Sie Hartherziger!

B. Schneck. Sie Hartherziger! — Und
das mit einem Tone — Haben Sie es gehört,
Herr Graf? Haben Sie den Ton gehört, gnädige
Gräfin? Seit Armidens Zeiten hat es keine
solche Zauberin gegeben.

Graf. In der That, ich erstaune —

B. Schneck. Da haben Sie nicht Unrecht, Herr Graf! Ich getraue mir zu behaup-

ten und zu betheuern, daß ich hier wie eingewur-
zelt ſtehe! Ich kann nicht von der Stelle!

Hauptm. Hilf Himmel, Herr Baron!
Sind Sie feſtgezaubert? Das wär' ja unerhört!

B. Schneck. indem er hin und her geht. O nein,
Herr Hauptmann! Ich ſagte es nur im figürlichen Verſtande. Noch hab' ich, dem Himmel
ſey Dank, den Gebrauch meiner Gliedmaßen
nicht verloren! Sehn Sie, ich kann noch ganz
leidlich gehn.

Graf. Aber, Herr Baron, jetzt hielt
ich's beynahe ſelbſt für's Beſte, wenn Sie Sich
wegbegäben, ſonſt möcht' es hernach nicht mehr
Zeit ſeyn.

Fr. v. Palm. Ja, geh'n Sie, Treulo-
ſer, und bringen Sie Ihr Herz einem Mädchen,
das mit dieſem Geſchenk offenbar nichts anzufangen weiß!

B. Schneck. Nichts anzufangen weiß?

Fr. v. Palm. Ja, ja, nichts anzufangen
weiß, weil ſie das ihrige bereits einem andern
geſchenkt hat.

B. Schneck. Einem andern geſchenkt
hat? — Wiſſen Sie auch, Madam, daß man
mit der Ehre einer jungen tugendhaften Dame
nicht ſo frey umgehen darf?

Fr. v. Palm. Wenn eine junge Dame
einen Mann liebt, der ihrer Liebe in allem Be-

tracht würdig ist, so leidet weder ihre Ehre noch ihre Tugend dabey. Ich weiß, was ich sage, Herr Baron. Ich kann Ihnen sogar den Mann nennen, der Ihnen bey Komtesse Luisen zuvorgekommen ist. Ihr Neffe Schneckenburg ist's.

B. Schneck. Mein Neffe? Himmel, was sagen Sie mir da, Madam! — Herr Graf, gnädige Gräfin, darf ich glauben, was mir diese räthselhafte Schöne da sagt?

Gräfin. Die Wahrheit zu sagen, Herr Baron, ich habe alle Ursachen zu glauben, daß Ihr Neffe und meine Tochter einander nicht gleichgültig sind.

B. Schneck. Ich getraue mir zu behaupten und zu betheuern, daß ich wie vom Donner gerührt bin! — Ich bin versteinert! — Bin ein Fels!

Neunter Auftritt.

Vorige. Luise, welche Frau von Palmer aus dem Kabinet hohlt.

Graf. Da kömmt meine Tochter! Jetzt kann sie uns selbst sagen, was an der Sache ist.

B. Schneck. Wenn es nicht zu kühn ist, meine Reitzende, Angebethete! so möchte Ihr unterthäniger Bewunderer wohl eine Frage an Sie wagen, an deren aufrichtiger und authentischer Beantwortung die Ruhe und das Glück seines Lebens hängt.

Luise. Ohne Umstände, Herr Baron!

B. Schneck. Aber ich bitte unterthänig und inbrünstig um eine aufrichtige Antwort — Gewisse Personen, die ich nicht nennen mag —

Fr. v. Palm. O, Sie können sie nennen, Herr Baron!

B. Schneck. Gewisse Personen also, die sich schon selbst verrathen haben, sagen Ihnen nach, und wollen von guter Hand wissen, daß Sie und mein Neffe — wie soll ich sagen? — einander — lieben? Ist das wahr?

Graf. Antworte ohne alle Zurückhaltung, meine Tochter.

Luise. Reden Sie für mich, meine Mutter. Sie wissen ja das Geheimniß meines Herzens.

Gräfin. So kann ich Ihnen sagen, Herr Baron, daß die Sache ihre vollkommene Richtigkeit hat. Luise und Ihr Neffe haben sogar während seiner Abwesenheit einen sehr fleißigen Briefwechsel geführt.

B. Schneck. Ich erstaune! Ich erschrecke! Ich falle aus den Wolken!

Graf. Nun, Herr Baron, das ist ja nichts Außerordentliches!

B. Schneck. Nichts Außerordentliches? Wenn sich der Neffe untersteht —

Fr. v. Palm. Dem Onkel den Rang abzulaufen? Wahrhaftig nicht! Wenn der Onkel

dem Neffen den Rang ablief, so wär' der Fall
viel außerordentlicher.

B. Schneck. Und gestern, in der glücklichen Viertelstunde, die ich Ihren schönen Augen
gegenüber zuzubringen das unaussprechliche Vergnügen hatte, gestern haben Sie mir gar nichts
davon gesagt?

Luise. Wie konnt' ich denn? Ließen Sie
mir denn Zeit dazu?

Fr. v. Palm. Nicht wahr, er hat Sie
mit aller Macht bestürmt? Ja, ja, ich kenne
ihn! Baron Schneckenburg geht in allen Dingen
mit einer Eilfertigkeit, mit einer Hitze zu
Werke —

B. Schneck. Die gnädige Frau haben
Recht. Ich getraue mir zu behaupten und zu
betheuern, daß das nicht der erste Streich von
der Art ist, den mir mein hitziges Temperament
spielt! Was daraus für ein Unglück hätte ent-
stehen können!

Hauptm. Nur gut, daß Sie es noch
Zeit genug erfahren!

B. Schneck. O ich werde von dieser
Entdeckung Gebrauch machen; dafür steh' ich
Ihnen! — Herr Graf, nach allem dem, was
hier vorgefallen ist, werden Sie mir's hoffentlich
nicht verdenken, wenn ich meine Bewerbungen
um diesen schönen Engel da abbreche, und alles,

was zwiſchen uns geſprochen, verſprochen und verhandelt worden, hiemit annullire.

Graf. Ich habe nicht das geringſte dagegen, Herr Baron.

B. Schneck. Auch Euer gräflichen Gnaden werden hoffentlich ſo billig ſeyn!

Gräfin. Das können Sie verſichert ſeyn.

B. Schneck. Auch Sie, ſchöner ehemahliger Gegenſtand meiner keuſchen Flamme?

Luiſe. Ich gebe Sie vollkommen frey, Herr Baron.

B. Schneck. Und Sie, Herr Hauptmann, was ſagen Sie dazu?

Hauptm. Sie müſſen am beſten wiſſen, was Ihnen gut iſt.

B. Schneck. Hm! Dieſe Antwort klingt ein wenig unbeſtimmt. *Halb heimlich.* Glauben Sie, daß Ihrer Schweſter oder Ihrer Familie dadurch ein Schimpf geſchieht, ſo können Sie Satisfaction haben. Ich ſtehe zu Fuß und zu Pferde zu Ihren Dienſten, Herr Hauptmann.

Hauptm. Ich bewundere Ihren Muth, Herr Baron.

B. Schneck. Unterthäniger Diener, Herr Hauptmann! Ich bin ſtolz darauf, wenn er Ihren Beyfall hat.

Hauptm. Ich denke, wir werden dasmahl ohne Blutvergießen aus einander kommen.

Fr. v. Palm. Und nun, Herr Baron! Ich weiß, daß Sie viel zu großmüthig denken, als daß Sie dem Glück Ihres Neffen, und der liebenswürdigen jungen Dame hinderlich seyn sollten, wenn anders der Herr Graf —

Graf. O ich habe gar nichts dagegen. Im Gegentheil würde ich stolz seyn, wenn mein Haus durch den Namen Schneckenburg einen neuen Glanz erhielt —

B. Schneck. Der Herr Graf sind sehr gütig!

Graf. Aber Sie wissen wohl, Herr Baron, daß ich leider nicht im Stande bin, meiner Tochter ein Vermögen mitzugeben, wie es ihr Rang erfordert —

B. Schneck. Wenn der Herr Graf sonst keine Bedenklichkeiten haben, das nehme ich auf mich. Ich werde meinen Neffen so versorgen, daß er leben kann, wie man es von einem Schneckenburg erwartet, der eine Komtesse Mittelburg zur Gemahlin hat. Er wird noch diesen Abend ankommen, und dann können wir die ganze Sache in's Reine bringen. Und hiermit ersuche und bitte ich Sie, reizende Luise, mich von nun an nicht mehr als Ihren Liebhaber und Bräutigam, sondern als Ihren geneigten und Sie bewundernden Onkel zu betrachten.

Fr. v. Palm. Das ist großmüthig! Das ist edel! Dafür muß ich Ihnen schon erlauben, meine Hand zu küssen.

B. Schneck. ergreift ihre Hand und kniet nieder.
Mit Ehrfurcht drücke ich meine Lippen auf dieſen
warmen Schnee, und begebe mich hiemit auf
ewig in meine vorige glückliche Sklaverey zurück,
ſchöne Gebietherin meines Schickſals!

Zehnter Auftritt.

Die Vorigen. Baron Flatterbach mit
ſeiner Gemahlin.

Baron Flatt. erblickt Schneckenburg noch
auf den Knien. Bravo, Onkel! Bravo! Das iſt
löblich, daß Sie wieder zu Ihrer rechtmäßigen
Gebietherin zurückkehren.

B. Schneck. indem er aufſteht. Es freut
mich, Neffe Flatterbach, daß mein Entſchluß
Ihren Beyfall hat.

Baronin zu Luiſen. Ihnen darf man alſo
Glück wünſchen? küßt ſie. Liebes Kind, wenn
Sie in Ihrer künftigen Ehe recht glücklich ſeyn
wollen, ſo überlaſſen Sie Sich ganz der Führung
Ihrer würdigen Mutter. Sie —

Gräſin fällt ihr ſanft verweiſend ins Wort. Liebe
Baronin, laſſen Sie die Geſchichte —

Baronin. Aber warum ſoll ich's nicht
ſagen, daß ich Ihnen das Glück meines Lebens
verdanke? daß ich erſt mit meinem lieben Manne
zufrieden lebe, ſeit ich anfing, Ihren Ermahnun-
gen zu folgen?

B Flatt. Ja mein Seel, Frau Gräfin, Sie haben ganz andre Leute aus uns gemacht. Der Himmel vergelte Ihnen das! Zu Luisen. Aber, liebe Komtesse, wenn Ihr künftiger Mann etwa sollte in den Fall kommen, sich ein Recept verschreiben zu lassen, wie er mit Ihnen umgehn soll, so geben Sie nur hübsch Achtung, daß er nicht an einen Doctor kömmt, der im Trüben fischen will. Mit einem Seitenblick auf den Grafen.

Gräfin winkt dem Baron Flatterbach, daß er still seyn soll, und wendet sich zu ihrem Gemahl. Nun, liebes Männchen? Warum stehn Sie denn so ernsthaft da? Seyn Sie doch mit uns munter! Wir sind ja alle so zufrieden!

Graf ergreift mit Empfindung ihre Hand. Alle? Du auch? Wirklich auch?

Gräfin sich an ihn schmiegend. Sonderbare Frage! Und warum sollte ich's denn nicht seyn?

Graf. Edles Weib! Von nun an sollst du es seyn! Sollst es durch mich seyn, und ich will es durch dich werden! Bis jetzt hab' ich das Glück auf lauter falschen Wegen gesucht; aber von diesem Augenblicke an sollst du meine einzige Wegweiserin seyn, und du wirst mich ganz gewiß zum Ziele bringen.

Der Vorhang fällt.